KRACH BOURSIER

S'Y PRÉPARER ET EN PROFITER

Stratégies pour sécuriser son portefeuille et saisir les opportunités de la prochaine crise

DAVID HALL

AVERTISSEMENT LÉGAL ET CLAUSE DE NON-RESPONSABILITÉ

Ce livre est conçu pour fournir des informations générales et historiques sur les marchés financiers. Il est vendu ou offert avec la compréhension expresse que l'auteur et l'éditeur ne sont pas engagés à fournir des conseils juridiques, comptables ou des recommandations d'investissement personnalisées.

Les stratégies, les portefeuilles, et les exemples d'entreprises (ou d'options) mentionnés dans cet ouvrage, y compris les expériences personnelles de l'auteur, sont présentés à des fins strictement éducatives, pédagogiques et illustratives. Ils ne constituent en aucun cas une sollicitation, une offre ou une recommandation d'achat ou de vente de titres financiers.

L'investissement en Bourse, et plus particulièrement l'utilisation de produits dérivés comme les options, comporte des risques importants de perte en capital. Les performances passées des marchés, des portefeuilles ou des stratégies évoqués ne préjugent en rien de leurs performances futures. Chaque investisseur a une situation financière, un horizon de placement et une tolérance au risque qui lui sont propres. Il est de la responsabilité exclusive du lecteur d'effectuer ses propres recherches (Due Diligence) et, si nécessaire, de consulter un conseiller financier professionnel agréé avant de prendre la moindre décision d'investissement.

L'auteur décline toute responsabilité quant aux pertes ou dommages, directs ou indirects, qui pourraient résulter de l'utilisation ou de l'application des concepts et méthodes décrits dans ce livre.

Achevé d'imprimer en 2026

ISBN : 978-1-9191824-1-4

Dépôt légal : Avril 2026

TABLE DES MATIÈRES

INTRODUCTION GÉNÉRALE

Vous regardez l'actualité et vous avez peur pour vos économies. Je vous rassure tout de suite : c'est parfaitement normal.

L'inflation grignote silencieusement notre pouvoir d'achat, la dette des États atteint des sommets vertigineux, les tensions géopolitiques s'accumulent et **l'économie semble vaciller à la moindre étincelle.** Chaque jour, les journaux télévisés et les experts en tout genre nous annoncent que la fin du système est proche.

Face à ce climat anxiogène, la réaction instinctive de la majorité des investisseurs particuliers est de paniquer. Ils se posent des questions qui les empêchent de dormir :

> *« Mon portefeuille va-t-il être divisé par deux ? Dois-je tout vendre demain matin à l'ouverture ? Vais-je perdre le fruit de plusieurs années de travail ? »*

Si vous tenez ce livre entre vos mains, c'est que vous vous posez ces mêmes questions. Non seulement **votre inquiétude est légitime, mais elle est saine**. La plupart des investisseurs particuliers n'ont jamais réellement réfléchi à ce que donnerait une vraie tempête sur leurs placements. Ils préfèrent fermer les yeux... jusqu'au jour où il est trop tard.

Mais j'ai une excellente nouvelle pour vous : **la Bourse a déjà connu ce genre de situation.** Elle a survécu à des guerres mondiales, à des pandémies, à l'explosion de bulles technologiques et à l'une des plus grandes crises financières de l'histoire moderne. À chaque fois, le monde a cru à l'apocalypse. À chaque fois, les marchés ont plongé. Et à chaque fois, après la panique, ils ont fini par se relever pour atteindre de nouveaux sommets.

La vraie différence, ce n'est pas la crise. Ce sont les investisseurs.

Si mon métier de Directeur Financier d'une entreprise industrielle m'oblige au quotidien à gérer le risque, il m'ancre surtout dans l'économie réelle. Je comprends parfaitement l'effort que représente la constitution d'un patrimoine et l'angoisse de le voir menacé.

J'investis en bourse avec mon propre capital depuis plus de 25 ans. J'ai traversé plusieurs crises majeures et krachs historiques. J'ai pu observer de près comment ceux qui survivent se comportent face au chaos, analyser ce que font ceux qui en sortent renforcés... et constater les erreurs fatales des autres.

Cette expérience m'a appris une chose essentielle : ce ne sont pas les plus intelligents qui survivent aux krachs, mais les mieux préparés.

Ceux qui survivent et s'enrichissent pendant les crises n'ont pas de boule de cristal. Ils n'essaient pas de prédire le prochain gros titre du journal. **Ils ont un plan.** Ils savent à l'avance ce qu'ils vont faire si le marché perd 10 %, 30 % ou 50 %. Là où l'amateur voit une catastrophe, l'initié voit une série de prix exceptionnels sur des actifs qu'il voulait déjà posséder.

C'est précisément ce que Winston Churchill résumait avec cette phrase brillante :

"Ne gaspillez jamais une bonne crise."

L'objectif de ce livre est de vous faire passer du côté des initiés. Je ne vais pas vous vendre la promesse impossible de « protéger votre portefeuille de toute baisse », ni vous proposer un indicateur magique qui vous dira quand sortir pile au sommet et rentrer pile au plus bas. **Mon but est de vous partager les méthodes réelles, concrètes et éprouvées pour sécuriser votre capital face à la prochaine tempête, puis d'utiliser cette même tempête pour bâtir votre richesse.**

Pour cela, nous n'allons pas faire de la théorie en chambre, mais de la pratique de terrain. **Voici le plan de bataille que nous allons suivre :**

- **Dans un premier temps,** nous allons comprendre pourquoi le krach est inévitable et comment évaluer la température des marchés grâce à mon outil personnel : le Krach-O-Mètre.
- **Ensuite, nous passerons au "Crash-Test" :** nous passerons en revue 9 portefeuilles d'investissement réputés pour être intemporels, en les confrontant aux crises réelles des 30 dernières années, pour voir lesquels protègent vraiment votre capital... et lesquels ne sont que des légendes rassurantes.
- **Puis, nous ouvrirons l'arsenal :** je vous présenterai une douzaine d'outils de protection active (des ETF spécialisés aux options) pour blinder votre capital quand le marché s'effondre. Nous verrons lesquels sont utiles... ou dangereux.
- **Enfin, nous passerons à l'offensive :** nous verrons comment dompter votre propre psychologie et comment déployer vos liquidités pour acheter à prix cassé quand les autres investisseurs capitulent.

Ce livre n’est pas un exercice théorique écrit depuis un campus universitaire. C’est un guide de terrain, basé sur des données historiques, des backtests rigoureux et plus de deux décennies d’investissement réel. Mon but est que, lorsque le prochain krach arrivera – car il arrivera –, vous ne soyez ni surpris, ni paralysé.

Vous êtes sur le point d'apprendre à construire un navire insubmersible. La tempête arrivera, c'est une certitude. **Mais à la fin de votre lecture, au lieu de la redouter, vous saurez exactement comment l'exploiter à votre avantage.**

UN CADEAU AVANT DE COMMENCER (VOS RESSOURCES BONUS)

Parce que les marchés financiers évoluent tous les jours, je voulais vous offrir un accompagnement qui va au-delà des pages de ce livre.

J'ai créé un espace réservé exclusivement aux lecteurs. Vous y trouverez la version mise à jour de mon **Krach-O-Mètre**, pour suivre avec moi le niveau de risque réel des marchés et savoir exactement où nous en sommes aujourd'hui, ainsi que d'autres bonus exclusifs pour vous aider à passer à l'action.

☞ **Pour accéder immédiatement à vos bonus gratuits, rendez-vous sur : www.krachboursier.com**

Prêt à sécuriser votre avenir financier ? Alors, commençons.

PARTIE I :

LE MARCHÉ RATIONNEL EST UN MYTHE ET POURQUOI LE PROCHAIN KRACH EST DÉJÀ PROGRAMMÉ

Sommes-nous dans une bulle ? Le grand krach est-il pour demain matin à l'ouverture des marchés ?

Je vais vous faire un aveu d'humilité immédiat : ma boule de cristal est en panne. Elle ne fonctionne pas pour ce livre, et pour être tout à fait honnête, elle n'a jamais fonctionné. Ceux qui prétendent pouvoir lire l'avenir avec précision sont généralement des charlatans ou des vendeurs de peur.

Par contre, il y a une chose dont je suis absolument certain : le krach arrivera.

C'est une certitude mathématique et historique. Le seul problème, c'est que nous ne savons ni quand, ni pourquoi, ni quel sera l'élément déclencheur. Puisque vous avez ouvert ce livre, vous avez sans doute déjà conscience qu'un marché baissier ou qu'un effondrement boursier finira inévitablement par se produire. Je ne vais donc pas passer des dizaines de pages à essayer de vous convaincre de cette évidence.

C'est précisément de ce constat d'incertitude que naît la nécessité absolue de se préparer. Car même si l'avenir est illisible, il existe des méthodes fiables pour analyser le présent et comprendre dans quelle période nous nous trouvons. Mais pour y parvenir, il faut d'abord se débarrasser d'une illusion tenace que l'industrie financière essaie de nous vendre depuis des décennies : l'idée que le marché serait une machine logique et infaillible.

1. Le mythe de la calculette géante

Pendant des décennies, le monde académique, et plus particulièrement la célèbre École de Chicago, a propagé une théorie séduisante appelée "l'Hypothèse des Marchés Efficients". Selon ce dogme, le marché boursier fonctionnerait comme une calculette géante, froide et parfaitement rationnelle. La théorie affirme qu'à la seconde près, le prix d'une action reflète exactement sa véritable valeur (son *juste prix*), car des millions d'ordinateurs et d'analystes digèrent instantanément toutes les informations disponibles.

Sur le papier, c'est intellectuellement brillant. Dans le monde réel, c'est une toute autre histoire.

Charlie Munger, le légendaire associé de Warren Buffett, avait un avis très tranché sur ces belles théories académiques. Il l'a d'ailleurs résumé avec sa causticité habituelle :

> *"L'idée que les marchés sont parfaitement rationnels et efficients, comme l'enseigne l'École de Chicago, est une absurdité. C'est une doctrine qui est à l'économie ce que l'astrologie est à l'astronomie. S'ils avaient raison, Warren et moi serions à la rue avec une sébile."*

Pourquoi ces brillants économistes bardés de diplômes se trompent-ils lourdement ? Parce qu'ils oublient systématiquement d'intégrer la variable la plus importante de l'équation : l'être humain.

La Bourse n'est pas un algorithme isolé fonctionnant dans le vide absolu. Le marché financier n'est rien d'autre qu'une immense foule composée de millions d'êtres humains qui achètent et qui vendent. Or, l'être humain, surtout lorsqu'il s'agit de son propre argent et des économies de toute une vie, est tout sauf une créature rationnelle. Il est profondément émotionnel. Face à l'incertitude ou à l'appât du gain, notre cerveau reptilien prend le dessus sur nos fichiers Excel.

Pour comprendre la véritable nature de la bête, il faut écouter ceux qui ont affronté les marchés toute leur vie. Comme l'explique brillamment l'investisseur de légende Howard Marks, la psychologie du marché ressemble trait pour trait à un pendule (ou un balancier) géant.

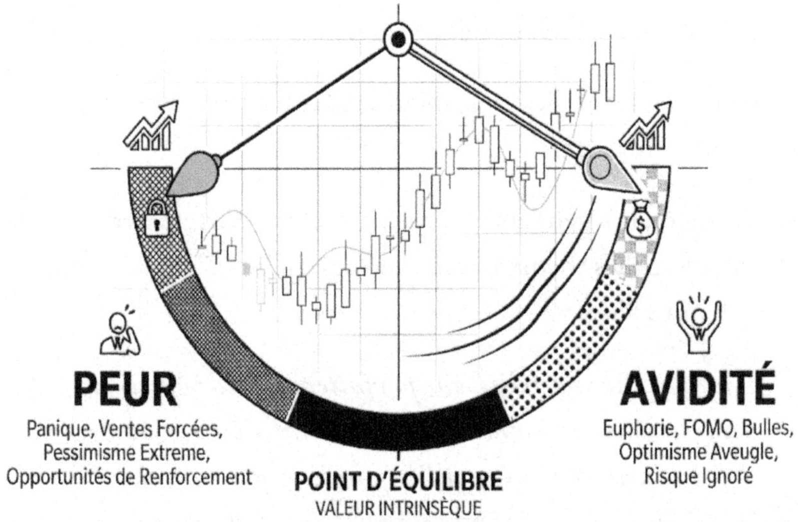

Figure 1 : Le pendule du marché, tiraillé entre la peur absolue et l'avidité irrationnelle.

L'aiguille du marché oscille violemment et perpétuellement d'un extrême à l'autre. La seule chose qu'elle ne fait presque jamais, c'est de s'arrêter au beau milieu, sur ce fameux "point d'équilibre parfait" rêvé par l'École de Chicago.

Conséquence directe de cette psychologie humaine : le marché passe le plus clair de son temps à être soit beaucoup trop cher (lorsque l'euphorie aveugle les acheteurs), soit beaucoup trop bon marché (lorsque la terreur paralyse les investisseurs).

Une folie vieille comme le monde : De la tulipe au Bitcoin

Si vous pensez que cette irrationalité est un phénomène moderne, né avec Internet, les algorithmes de trading haute fréquence ou les applications boursières sur smartphone, détrompez-vous. L'oscillation violente de notre pendule entre l'avidité et la peur n'a rien à voir avec la technologie : elle est littéralement gravée dans notre ADN depuis des siècles.

Pour s'en convaincre de la manière la plus éclatante qui soit, il suffit de remonter le temps jusqu'au 17ème siècle, aux Pays-Bas. C'est là que s'est déroulée la toute première grande bulle spéculative documentée de l'histoire du capitalisme. Et l'objet de cette hystérie collective n'était ni une entreprise technologique révolutionnaire, ni l'intelligence artificielle, ni une crypto-monnaie, mais... un simple bulbe de tulipe.

Au début, l'achat de bulbes était un investissement rationnel pour les horticulteurs. Puis, la folie s'est installée. **Les gens n'achetaient plus les bulbes pour les planter, mais dans le seul but de les revendre plus cher.** Des tavernes entières se sont transformées en bourses d'échange et les gens ont vendu leurs maisons, leurs terres et leurs commerces pour spéculer sur des oignons ! Au pic de cette hystérie, un seul bulbe d'une variété rare pouvait s'échanger contre l'équivalent d'une maison de maître, soit plusieurs centaines de milliers d'euros actuels.

Et puis, un jour de février 1637, sans raison particulière, quelqu'un n'a pas trouvé d'acheteur à un prix plus élevé. La confiance s'est brisée. En quelques semaines, **ce fut le krach et les bulbes ne valaient plus rien**, anéantissant des fortunes entières.

La leçon est implacable : **la cupidité humaine traverse les siècles et existera toujours.** Chaque génération invente simplement un nouveau véhicule pour cette cupidité, une "révolution" financière qui prétend avoir enfin éliminé le risque.

Attention, je ne dis pas que toutes ces nouveautés sont de simples arnaques. Souvent, les grandes innovations changent véritablement le monde, comme ce fut le cas pour Internet à la fin des années 90. Mais **changer le monde ne signifie pas rendre *tous* les investisseurs riches !** Une technologie peut être une révolution absolue pour l'humanité, tout en étant un désastre financier pour ceux qui l'ont achetée beaucoup trop cher au sommet de l'euphorie.

L'économiste John Kenneth Galbraith, dans son excellent livre *Brève histoire de l'euphorie financière*, a noté que la mémoire collective en finance est incroyablement courte. Elle s'étend rarement au-delà de 20 ou 25 ans. Conséquence inévitable de cette amnésie : **chaque génération se croit plus maligne que la précédente et tombe dans les mêmes pièges.** Aujourd'hui, pour illustrer cette mémoire courte décrite par Galbraith, nous avons deux exemples parfaits d'innovations financières, très différentes l'une de l'autre, mais qui portent en elles les germes de cette même folie :

- **Le Bitcoin :** C'est l'exemple ultime de la spéculation grand public. Un actif qui, contrairement à la tulipe, ne peut même pas être planté (ni mangé en cas de coup dur !). Sa valorisation ne repose sur aucun flux de trésorerie, mais exclusivement sur la croyance qu'un "plus grand crétin" (la fameuse *Greater Fool Theory*) vous le rachètera plus cher demain.
- **Le Private Credit (Crédit Privé) :** Dans un registre beaucoup plus institutionnel et opaque. Depuis que les banques traditionnelles sont sévèrement régulées (merci la crise de 2008), des fonds d'investissement géants prêtent des milliards dans l'ombre, sans

véritable supervision. C'est une "innovation" massive qui n'a encore jamais été testée par une véritable crise.

Galbraith avait raison : les outils changent, mais le pendule des émotions, lui, est toujours le même.

L'Irrationalité au Quotidien : Le Grand Écart (Haut vs Bas)

Pour vous prouver que le marché n'est pas rationnel, je n'ai pas besoin de remonter à la crise des Tulipes. Il me suffit de regarder ce qui s'est passé au cours des 18 derniers mois.

Il existe une statistique stupéfiante qui démontre à elle seule que le prix d'une action est une opinion, et non une vérité : c'est l'écart moyen entre le plus haut et le plus bas d'une action au cours d'une même année.

Les études de marché (comme celles de la célèbre société d'investissement Tweedy, Browne) montrent que la valeur intrinsèque d'une entreprise (ses usines, ses brevets, ses bénéfices) évolue lentement, généralement de 6 % à 10 % par an. Pourtant, le prix de son action fluctue en moyenne de 30 % à 50 % la même année.

Conclusion : La volatilité des prix est 3 à 4 fois supérieure à la volatilité réelle du *business*.

Dans son célèbre "Guide to the Markets", la banque J.P. Morgan rappelle régulièrement que même lors des années positives pour le S&P 500 (où l'indice finit l'année à +10 % ou +15 %), l'action moyenne subit une chute intra-annuelle (*drawdown*) de -14 %.

Autrement dit : pour gagner en Bourse, il faut accepter de voir son portefeuille saigner temporairement chaque année. Par conséquent, il faut savoir rester patient durant une chute et, potentiellement, en profiter pour renforcer ses positions.

2024-2025 : Des années schizophréniques... comme les autres

Regardons les mouvements de quelques géants mondiaux en 2024 et 2025. L'économie a-t-elle radicalement changé au cours de ces quelques mois ? Non. Pourtant :

- **Meta (Facebook) :** L'action est passée d'un plus bas de 340$ en janvier 2024 à un plus haut de 600$ en octobre. Une variation de +76 %. Mark Zuckerberg est-il devenu 76 % plus intelligent en 9 mois ? Par ailleurs, Meta est un exemple magnifique à plus long terme. Le titre est passé de 86 $en octobre 2022 pour monter à 796$ en juin 2025. Soit en moins de 3 ans une hausse vertigineuse de 823 %, alors que sur la même période, le chiffre d'affaires ne progressait que de 51 % et le profit de 150 % environ. C'est magnifique pour l'entreprise, mais bien éloigné des 800 % de hausse du cours !

- **Tesla :** Le champion de la volatilité. Passé de 138 $en avril 2024 à 350$ en novembre. Un écart brutal de +153 %. Pourquoi ? En avril, le marché voyait un constructeur auto en difficulté ; en novembre, il voyait un leader mondial de l'IA valorisé à 1 000 milliards de dollars.

- **Netflix :** L'action est passée de 460 $à plus de 800$ dans la même année, soit un bond de +74 %.

- **Alphabet (Google) :** Et ce n'est pas unique à 2024. Par exemple, en mai 2025, Google était donné pour mort. ChatGPT allait les ruiner, l'action ne valait plus rien. Elle a vivoté pendant plusieurs semaines à 150 $. Et puis abracadabra, par la magie de Merlin Gemini (l'IA de Google), les investisseurs ont repris confiance. Six mois plus tard, l'action s'est élevée au-dessus des 300 $ pour battre ses records historiques.

Ce n'est pas le *business* qui a changé si vite, c'est le prix que les gens acceptent de payer pour 1 $ de bénéfice. En janvier, le marché payait 20 fois les profits de Meta. En octobre, il acceptait d'en payer 35 fois. Évidemment, les perspectives d'une entreprise peuvent évoluer en quelques mois, mais quand même... Cela se rapproche d'une inflation d'actifs, pas de la création de valeur économique. C'est cet "élastique psychologique" qui crée la volatilité.

Ce ne sont ici que quelques exemples de grandes entreprises très suivies. Je pourrais en fournir des dizaines d'autres. Mais le concept reste implacablement le même : le marché n'est pas rationnel et ses hausses comme ses baisses sont souvent difficilement justifiables par les simples mathématiques.

On se raconte des histoires : Le paradoxe de la bonne nouvelle

Si l'écart de 76 % sur Meta ou de 153 % sur Tesla ne vous a pas suffi pour comprendre que le marché est une bête émotionnelle, laissez-moi vous donner un autre exemple que l'investisseur légendaire **Howard Marks** adore souligner : le paradoxe de la bonne nouvelle.

Vous l'avez sans doute déjà vécu. Il est 14h30, les chiffres de l'emploi aux États-Unis sont publiés.

Ils sont excellents ! Le chômage baisse, les salaires augmentent, l'économie est robuste. C'est objectivement une bonne nouvelle pour le monde.

Réaction du marché ? Le S&P 500 baisse dans la minute !

Un investisseur rationnel serait perdu. Un vétéran, lui, comprend la gymnastique mentale tordue du marché :

- Excellents chiffres de l'emploi ➔ L'économie surchauffe.
- Surchauffe ➔ L'inflation risque de revenir.

- Inflation ➔ La banque centrale va devoir augmenter les taux d'intérêt.
- Taux élevés ➔ La consommation va baisser, les entreprises vont moins investir. C'est mauvais pour la valorisation des actions.
- **Conclusion ➔ ON VEND !**

Le marché ne réagit pas au fait (l'économie va bien), mais à l'interprétation anxieuse de ce fait.

Vous n'y croyez pas ? C'est trop simple... Et bien à l'heure où j'écris ces lignes le 23 Décembre 2025 les Etats-Unis publient la croissance du 3 trimestre avant l'ouverture des marchés. A 4,3% la croissance est meilleure qu'attendue. Résultat : Wall Street ouvre en baisse ! Au cours de la journée la bourse se rétablira et finira en hausse.

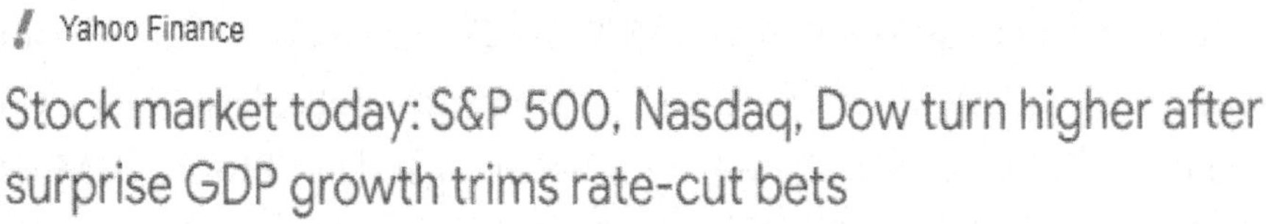
Yahoo Finance

Stock market today: S&P 500, Nasdaq, Dow turn higher after surprise GDP growth trims rate-cut bets

Figure 2 : Illustration en direct de la "schizophrénie" du marché le 23 décembre 2025 (croissance au top, Bourse en baisse).

La Fabrique à Histoires des Médias

Mais le plus drôle (ou le plus tragique) survient le soir même aux informations.

Les journalistes et les éditorialistes ont horreur du vide. Ils ne peuvent pas admettre la vérité, qui est que personne ne sait vraiment pourquoi des millions d'algorithmes et de traders ont décidé de vendre au même moment.

Alors, ils inventent une narration pour coller au mouvement des prix. C'est la rationalisation a posteriori.

- *Si le marché baisse sur une bonne nouvelle :* "Les investisseurs s'inquiètent de la surchauffe et des taux."

- *Si le marché monte sur la MÊME bonne nouvelle :* "Les investisseurs saluent la résilience de l'économie américaine."

C'est la même nouvelle ! Seule l'humeur du marché a changé. Les faits ne changent pas, c'est la paire de lunettes à travers laquelle le marché les regarde qui change. Tantôt il porte des lunettes roses (avidité), tantôt des lunettes noires (peur).

Ne cherchez pas la logique dans les nouvelles quotidiennes. Cherchez-la dans la psychologie des foules.

2. Le Cycle Inévitable : De la Stabilité au Chaos

Mais si les histoires que l'on se raconte expliquent la volatilité au jour le jour, elles ne suffisent pas à expliquer les véritables effondrements du système. Alors, pourquoi le marché est-il invariablement condamné à subir des krachs majeurs ?

Ce n'est pas juste une question de psychologie ou de narratifs médiatiques, c'est aussi une mécanique financière froide et implacable. Comme l'a brillamment théorisé l'économiste Hyman Minsky, il existe une règle d'or en finance : « **La stabilité engendre l'instabilité** ».

L'enchaînement menant au désastre suit toujours la même logique :

- **La complaisance :** Plus une période de calme et de croissance dure, plus les investisseurs s'habituent à gagner de l'argent facilement et deviennent complaisants. Ils acceptent de prendre de plus en plus de risques.
- **La raréfaction des bonnes affaires :** Tout le monde achetant les mêmes actifs de qualité, les prix montent et deviennent mécaniquement moins attractifs. Les bonnes affaires disparaissent.
- **L'escalade du risque :** Donc, pour réussir à maintenir le même niveau de rentabilité exceptionnel auquel ils se sont habitués, les investisseurs doivent prendre des paris sur des dossiers de plus en plus douteux et risqués. Et ainsi de suite, plus de risque engendre encore plus de risque.

- **La poudre à canon (l'effet de levier) :** Et puis arrive le moment fatal où, pour réussir à doper artificiellement leurs performances, les investisseurs commencent à s'endetter pour acheter des actions (c'est l'effet de levier). Le levier est excellent pour améliorer ses gains... mais il est aussi redoutable pour démultiplier ses pertes.

Risques excessifs et effet de levier : voici les deux ingrédients principaux d'un krach. Fondamentalement, c'est cette complaisance vis-à-vis du risque en période de prospérité qui jette les bases de la prochaine crise.

Ajoutez à cela l'arrivée régulière sur le marché d'une nouvelle génération d'investisseurs qui n'a pas été brûlée par la crise précédente. Une génération qui est, disons poliment, très ouverte à l'idée de prendre un maximum de risques et de ne penser qu'aux profits sans jamais sécuriser ses arrières.

C'est ici que l'on retrouve le grand retour du pendule d'Howard Marks : le marché oscille perpétuellement entre une euphorie aveugle (où le risque est totalement ignoré) et une dépression totale (où l'opportunité est ignorée).

Le krach, c'est simplement le retour brutal du pendule vers la réalité. Et ce retour fait mal.

La Fréquence de la Douleur (Statistiques des Marchés Baissiers)

Nous l'avons vu avec Minsky, le krach est le retour brutal du pendule vers la réalité, et ce retour fait mal. Mais à quelle fréquence ce pendule nous frappe-t-il ?

Vous pourriez être tenté de penser que ces événements sont des anomalies isolées et que vous avez le temps avant le prochain. Détrompez-vous. La réalité est que les baisses sont inévitables et qu'elles se concrétisent chaque année au minimum. Si les grands effondrements de -50 % sont plus rares, les secousses sismiques, elles, sont la norme.

Regardons les données historiques du S&P 500 depuis 1928. Les chiffres imposent l'humilité:

Type d'événement	Définition (Baisse)	Fréquence Moyenne	Durée Moyenne
La Correction	-10 % à -20 %	Tous les 1 à 2 ans	4 mois
Le Bear Market	-20 % à -40 %	Tous les 5 à 7 ans	11 mois
Le Krach Majeur	-40 % et plus	Tous les 10 à 15 ans	22 mois

Ce que ces chiffres vous disent:

- **C'est le prix de l'admission :** Subir une correction de -10 % n'est pas un accident, c'est un événement presque annuel.
- **La régularité de l'ours (bear market) :** Si vous avez 30 ans aujourd'hui et que vous investissez jusqu'à 80 ans, vous vivrez encore statistiquement 7 à 8 marchés baissiers majeurs.

Accepter ces statistiques, c'est arrêter d'être surpris quand le marché baisse. Ce n'est pas de la malchance, c'est de la statistique. Il faut donc savoir se préparer et anticiper ces chutes. C'est tout le sujet de ce livre.

Anatomie des Désastres : Les 4 Grands Krachs

Mais à quoi ressemble un véritable effondrement quand il frappe ? Un krach n'est pas une "correction" (une baisse saine de 10 %). C'est un effondrement structurel. Et bien qu'ils soient statistiquement rares (comme le montre notre tableau), leur impact sur la psychologie et les portefeuilles est dévastateur.

Pour comprendre ce qui nous attend, regardons dans le rétroviseur les "Big Four" des 100 dernières années.

1. Le Grand Krach (1929) : La Mère de toutes les dépressions

- **Le Contexte :** Les "Roaring Twenties". Une époque d'optimisme débridé où tout le monde, du banquier au chauffeur de taxi, achetait des actions à crédit (sur marge). On pouvait acheter 10 $ d'actions avec seulement 1 $ de cash.
- **Le Détonateur :** L'excès de levier. Quand le marché a commencé à baisser légèrement, les courtiers ont exigé d'être remboursés (appels de marge). Pour payer, les investisseurs ont dû vendre n'importe quoi, n'importe comment, et à n'importe quel prix créant une spirale de vente forcée.
- **L'Impact :** Le Dow Jones s'est effondré, perdant près de 90 % de sa valeur au cours des trois années suivantes.
- **La Convalescence :** Interminable. Il faudra 25 ans (jusqu'en 1954) pour que le marché retrouve son niveau de 1929. Une génération entière d'investisseurs a été ruinée. Certains spéculateurs se sont même suicidés.

2. Le Lundi Noir (1987) : La Première Panique des Machines

- **Le Contexte :** Les années 80 étaient prospères. Trop prospères. Les valorisations étaient tendues.
- **Le Détonateur :** L'avènement du trading informatisé et de "l'assurance de portefeuille". Le 19 octobre 1987, des algorithmes rudimentaires ont tous détecté une baisse et ont tous décidé de vendre en même temps pour "protéger" les portefeuilles. Sauf que quand tout le monde vend et que personne n'achète, le prix tombe à zéro ou au moins de -22%.

- **L'Impact :** En une seule séance, le Dow Jones a perdu 22,6 %. C'est inenvisageable aujourd'hui. Ce serait l'équivalent sur l'unique marché américain d'environ 16 000 milliards de dollars soit la somme du PIB de la France, du Canada, du Royaume-Uni et de l'Allemagne en un jour !

- **La Convalescence :** Rapide. L'économie réelle était solide. Le marché a retrouvé ses sommets en environ 2 ans. C'était un krach technique, pas économique. La différence fondamentale de 1987 ? Le lendemain, les usines tournaient, les gens consommaient, les bénéfices rentraient. C'était un infarctus financier dans un corps économique sain. C'est la preuve ultime que le prix de l'action peut se déconnecter totalement de la réalité de l'entreprise.

3. L'Éclatement de la Bulle Internet (2000-2002) : L'Exubérance Irrationnelle

- **Le Contexte :** La découverte de la "Nouvelle Économie". On achetait des entreprises qui n'avaient ni chiffre d'affaires, ni profits, juste un nom finissant par ".com". Les ratios de valorisation atteignaient des sommets délirants. On changeait même les manières de valoriser les entreprises pour que "ça passe". Warren Buffett était moqué comme un Papy "has been" car il refusait d'acheter.

- **Le Détonateur :** Le retour au réel. Les entreprises ont brûlé tout leur cash sans faire de profits. Les investisseurs ont réalisé que les "clics" ne payaient pas les factures.

- **L'Impact :** Le NASDAQ, l'indice technologique, s'est effondré de 78 % en deux ans et demi.

- **La Convalescence :** Très douloureuse. Le NASDAQ a mis 15 ans (jusqu'en 2015) pour dépasser son pic de l'an 2000.

4. La Crise Financière Mondiale (2007-2009) : La Faillite du Système

- **Le Contexte :** Une bulle immobilière massive aux USA, financée par des prêts accordés à des gens insolvables (les *subprimes*). Ces prêts pourris étaient "emballés" dans des produits financiers complexes notés "Triple A" par les agences de notation et vendus aux banques du monde entier.

- **Le Détonateur :** La faillite de la banque Lehman Brothers en septembre 2008. La confiance s'est évaporée. Les banques ne se prêtaient plus d'argent. Le système financier mondial a frôlé l'arrêt cardiaque.

- **L'Impact :** Le S&P 500 a chuté de 57 %. L'immobilier et les actions ont coulé ensemble.

- **La Convalescence :** Lente et artificielle. Il a fallu environ 4 à 5 ans (2013) pour retrouver les niveaux d'avant-crise, aidé par l'impression monétaire massive des banques centrales.

Conclusion de l'Histoire : Ces événements ne sont pas des accidents statistiques malheureux. Ils sont la conséquence logique et inévitable du moteur même du marché : la recherche de l'argent facile. En 1929 on fait des culbutes incroyables, le marché augmentant de 91% entre 1927 et 1928. En 2000 même chose, achetez une entreprise qui finit en .com et vous deviendrez milliardaire. Et en 2008 achetez des biens immobiliers sans apports et sans revenus, quelques mois plus tard revendez-le avec un énorme profit. L'histoire ne se répète jamais exactement, mais les mécanismes (dette, euphorie, panique, intervention) et l'avidité humaine sont toujours les mêmes.

L'Éternel Recommencement : La Mécanique Universelle des Krachs

Si vous observez attentivement ces grands désastres historiques, vous remarquerez qu'ils ne sont jamais de simples "accidents" aléatoires. Bien que les époques, les technologies et les acteurs changent, la nature humaine et les cycles de l'argent restent strictement identiques.

Chaque grand krach de l'histoire moderne partage exactement le même ADN. C'est une mécanique immuable en cinq actes que tout investisseur sérieux doit savoir reconnaître :

1. **L'Innovation (L'étincelle) :** Un nouveau paradigme apparaît. Il est réel et va effectivement changer le monde (la radio, internet, l'ingénierie financière). Les investisseurs se disent que *"cette fois, c'est différent"*.

2. **Le Crédit (L'accélérateur) :** L'argent devient facile à emprunter. Les institutions et les particuliers utilisent l'effet de levier (l'endettement) pour parier massivement sur cette innovation.

3. **L'Euphorie (L'aveuglement) :** Les valorisations se déconnectent totalement de la réalité économique. Le grand public entre dans la danse par appât du gain facile.

4. **Le Catalyseur (L'aiguille) :** Un événement (souvent une hausse des taux d'intérêt par la Banque Centrale) vient stopper l'afflux d'argent gratuit.

5. **La Panique (La purge) :** Les investisseurs surendettés sont forcés de vendre pour rembourser leurs prêts (les appels de marge), créant une spirale baissière incontrôlable.

Pour bien comprendre que l'histoire ne fait que bégayer, regardez ce tableau comparatif des trois pires crises du dernier siècle :

La Phase	L'exemple de 1929 (La Grande Dépression)	L'exemple de 2000 (La Bulle Dot-Com)	L'exemple de 2008 (La Crise des Subprimes)
1. L'Innovation	Électrification, Automobile et **Radio** (RCA)	Internet et les Télécommunications	Ingénierie financière (Titrisation immobilière)
2. Le Crédit	Achat d'actions sur marge (effet de levier)	Argent gratuit du Capital-Risque (Manne des IPO)	Crédits "Subprimes" et prêts NINJA (Sans revenus)
3. L'Euphorie	Le cireur de chaussures donne des conseils boursiers	*Day-trading* de masse sur des start-ups sans revenus	*Flipping* immobilier (Ménages achetant 3 maisons pour les revendre très rapidement)
4. Le Catalyseur	Resserrement monétaire de la Fed	Hausse des taux et premières faillites Dot-Com	Défauts de paiement en chaîne et chute de Lehman
5. La Panique	Appels de marge et liquidation totale (-89 %)	Effondrement du Nasdaq (jusqu'à -78 %)	Gel du crédit mondial et krach systémique

3. Le Diagnostic de Ray Dalio : Les 6 Signes de la Bulle

Nous venons de voir que les krachs sont inévitables et qu'ils suivent toujours les mêmes schémas d'euphorie et de dette. La question brûlante qui en découle est donc évidente : sommes-nous actuellement dans l'une de ces phases de complaisance extrême ? On parle constamment de bulle dans les médias, car c'est un mot qui fait vendre. Mais concrètement, comment savoir où nous en sommes aujourd'hui dans ce cycle ?

Une façon de faire est de se référer à Ray Dalio, l'un des plus célèbres gérants de "hedge funds" au monde, et à sa fameuse checklist en 6 points pour identifier une bulle.

Avant d'aller plus loin, une petite mise en garde s'impose : Dalio est quelqu'un qui tire la sonnette d'alarme depuis des années. Ses tests sont donc à prendre avec des pincettes, car si on l'écoutait à la lettre, on resterait probablement paralysé sur la touche. Néanmoins, sa grille de lecture reste toujours très intéressante car c'est une question que tout le monde se pose, et sa méthode permet d'y répondre de façon objective.

Voici sa checklist en 6 points :

1. **Des prix élevés par rapport aux mesures traditionnelles.** Est-ce que le marché se paie trop cher par rapport aux bénéfices (PER, rapport cours sur bénéfice) ou aux flux de trésorerie ? Si l'actif doit générer des rendements impossibles pour justifier son prix actuel, le voyant est rouge. On voit poindre beaucoup de mesures

sur le sujet notamment le Shiller ratio (Warren Buffett l'utilisait) qui compare la capitalisation boursière au PIB américain. En 2026 il est a des records. Il y en a plusieurs autres. En tous les cas je vous parlerai de mon favori dans le chapitre 5.

2. **Des prix qui escomptent des conditions futures insoutenables.** Le marché parie-t-il sur une croissance des bénéfices de 20 % par an pendant 10 ans ? L'histoire montre que c'est souvent mathématiquement impossible. C'est le syndrome du "cette fois, c'est différent" (ex: la bulle Nifty Fifty ou la Bulle Internet). Ceci est fréquent dans une bulle. Par exemple, sur cet aspect j'ai quelques craintes avec Nvidia. Il me paraît inconcevable que les géants de la tech vont continuer pour les 10 prochaines années à déverser des centaines de milliards de dollars en carte graphique et data center. Il faudrait que Nvidia arrive à se diversifier (par exemple des cartes graphiques qui deviennent le cerveau de robots). La croissance de 10-15% par an de géants de la tech qui ont déjà une chiffre d'affaires énorme n'est pas certaine, loin de là.

3. **L'arrivée massive de nouveaux acheteurs** (Les "Touristes appâtés par les gains"). C'est un des signes le plus visible. Quand votre chauffeur de taxi, votre coiffeur ou votre beau-frère qui n'a jamais acheté une action de sa vie vous parle de sa dernière "pépite" boursière ou crypto... les choses commencent à sentir mauvais.

   L'entrée massive d'amateurs sans experience, attirés uniquement par la hausse des prix récente (le FOMO), est le signe d'une fin de cycle. Généralement ils font monter les prix de façon inconsidérée éloignée des fondamentaux et sont les premiers à fuir quand le marché se corrige.

4. **Un sentiment haussier généralisé (Euphorie)**

   Quand plus personne ne doute. Quand les "Bears" (pessimistes) sont moqués ou capitulent. Si 90 % des acteurs sont investis et optimistes, il ne reste plus personne pour acheter. Le marché est inarrêtable et ne fait que monter..

5. **Des achats financés par un effet de levier élevé (Dette)**

   Les investisseurs achètent-ils "à crédit" (sur marge) ? Quand le marché monte grâce à l'argent emprunté, la structure est fragile. Les brokers prêtent de l'argent aux "investisseurs" pour acheter des produits financiers. Quand le marché monte c'est super, une hausse de 20% d'une action peut générer un gain de 40% (si vous avez un effet de levier de 2/1) mais si la même action perd 20% la vos pertes sont de 40%. Le titre perd 50% et la vous avez tout perdu! Donc le moindre retournement force des ventes automatiques (appels de marge) qui transforment une correction saine en krach dévastateur.

6. **Des achats de précaution (Achats par anticipation)**. Les entreprises ou les particuliers sur-stockent-ils (inventaires, immobilier) par peur que les prix montent encore ? C'est une prophétie autoréalisatrice qui gonfle artificiellement la demande à court terme, mais crée un vide d'air pour la suite.

Faites le test : Si vous cochez plus de 4 de ces cases aujourd'hui, la probabilité d'un retour à la réalité est imminente selon Dalio. Ce diagnostic ne donne pas la date, mais il donne la météo. Et quand la météo annonce un ouragan, on ne sort pas sans gilet de sauvetage.

Si vous n'avez pas envie de faire le test, on se retrouve dans quelques pages pour mon Krach-O-Mètre.

4. Le Cygne Noir (Le krach de la fin du monde... qui ne dure jamais)

Dans notre exploration de l'irrationalité des marchés, il y a un concept dont vous entendrez parler en permanence à la télévision ou dans la presse financière : le fameux "Cygne Noir" (*Black Swan*).

Popularisé par l'ancien trader et essayiste Nassim Nicholas Taleb, un Cygne Noir désigne un événement hautement improbable, totalement imprévisible, qui frappe le monde avec une violence inouïe, et que les experts s'empressent d'expliquer *a posteriori* comme s'il avait été évident.

Une pandémie mondiale qui confine la moitié de l'humanité en quelques jours (le Covid en 2020) ? Un Cygne Noir. Les attentats du 11 septembre 2001 ? Un Cygne Noir. Le déclenchement soudain d'une guerre majeure ? Un Cygne Noir.

Lorsqu'un tel événement se produit, la réaction de la Bourse est d'une brutalité absolue. Les investisseurs ne se demandent plus si les actions sont trop chères ou si l'économie va s'effondrer. Ils cèdent à une panique viscérale, presque animale. Le narratif n'est plus économique, il devient existentiel. C'est le scénario de la fin du monde. On vend tout, à n'importe quel prix, pour récupérer du cash et acheter des boîtes de conserve.

L'illusion de la destruction

Pourtant, je vais vous livrer une vision qui va à l'encontre de ce que racontent la plupart des commentateurs financiers : **financièrement parlant,**

les Cygnes Noirs sont généralement moins dangereux que les krachs structurels.

La raison est purement mécanique. Un Cygne Noir est un choc *externe*. Il vient frapper une économie qui, juste avant l'impact, fonctionnait peut-être très bien. L'infrastructure est là, les entreprises sont saines, les consommateurs ont de l'argent. Le marché s'effondre parce que l'avenir est soudainement plongé dans le brouillard, pas parce que le système capitaliste est cassé.

Par conséquent, que se passe-t-il une fois que le brouillard se lève ? Une fois que l'on trouve un vaccin, ou que le conflit géopolitique se stabilise ? Le marché récupère à une vitesse vertigineuse. Le rebond est fulgurant (ce que l'on appelle une reprise en "V"). L'exemple du Covid en mars 2020 est le cas d'école parfait : le marché a perdu un tiers de sa valeur en un mois, mais quelques mois plus tard, il battait déjà de nouveaux records historiques.

La prime à la vitesse

Pour l'investisseur serein, le Cygne Noir est donc une opportunité fantastique, mais elle est très difficile à saisir. Son amplitude psychologique est immense, mais sa durée de vie est très courte. Si vous attendez que le ciel soit totalement dégagé pour réinvestir, il est déjà trop tard. Les prix ont remonté. Pour attraper les soldes d'un Cygne Noir, il faut avoir des liquidités prêtes, un plan préétabli, et surtout, il faut agir avec une rapidité d'exécution clinique au moment même où vos voisins s'attendent à la fin du monde. (C'est exactement pour cela que nous avons mis en place les automatismes et les ordres GTC dans la Partie 4).

Le véritable ennemi n'est pas le Cygne Noir

Mais soyons clairs : mon livre existerait même s'il n'y avait aucun Cygne Noir. L'irrationalité du marché se suffit amplement à elle-même.

Les véritables krachs, ceux qui font le plus de dégâts à long terme, ceux qui ruinent et hantent des générations d'investisseurs et qui mettent des années à s'effacer, ne viennent pas de l'espace. Ils viennent de l'intérieur. Ce sont les **krachs structurels**.

Ceux-là ne frappent pas par surprise en un week-end. Ils se construisent lentement, pendant des années, nourris par la cupidité humaine, par l'euphorie, et surtout par des montagnes de dettes. La bulle Internet de l'an 2000 ou la crise des Subprimes de 2008 n'étaient pas des Cygnes Noirs. C'étaient des désastres économiques prévisibles, l'aboutissement logique d'un système devenu fou. Et contrairement à un choc pandémique, quand une bulle de dette explose, il faut des années pour purger le système et reconstruire l'économie (le marché a mis plus de 10 ans pour retrouver ses niveaux d'avant 2000 !).

C'est ce krach-là, le krach d'euphorie et de fin de cycle, qui nous menace le plus. Et la bonne nouvelle, c'est que contrairement à une météorite, une bulle financière laisse des traces très claires avant d'éclater.

Il suffit de savoir les lire. C'est exactement ce que nous allons faire maintenant.

5. Le Krach-O-Mètre (Votre radar anti-tempête)

Dans un chapitre précédent, nous avons évoqué la grille de lecture du légendaire Ray Dalio pour identifier la formation d'une bulle financière. Sur le papier, son approche est intellectuellement parfaite. C'est la quintessence de la macro-économie.

Mais soyons réalistes : avez-vous le temps, l'envie ou les outils pour calculer chaque matin l'afflux des nouveaux acheteurs, de décortiquer les bilans des banques centrales ou de mesurer l'endettement systémique mondial ? À moins de posséder un terminal Bloomberg à 25 000 $ par an et une équipe d'analystes à temps plein, la méthode de Dalio est beaucoup trop complexe et chronophage pour un investisseur particulier.

C'est exactement pour résoudre ce problème que j'ai créé mon propre tableau de bord. Un outil de pilotage simple, visuel, et impitoyablement efficace, que j'ai baptisé le **Krach-O-Mètre**.

L'objectif de ce Krach-O-Mètre n'est pas de vous noyer sous des formules mathématiques, mais de traduire des millions de données financières en une simple "météo des marchés" (Verte, Orange ou Rouge). Ce tableau de bord, que je mets à jour régulièrement et qui est disponible en libre accès sur mon site **www.krachboursier.com**, repose sur la combinaison de 7 piliers fondamentaux.

Pilier 1 : La Dette sur Marge

Cet indicateur mesure tout simplement combien les gens ont emprunté à leur courtier pour investir en Bourse. C'est un excellent baromètre de l'euphorie ambiante, mais surtout de l'extrême vulnérabilité du marché.

- *Pourquoi c'est crucial :* En période de forte hausse, les investisseurs s'endettent massivement pour décupler leurs gains. Mais cette dette est une épée de Damoclès. Si le marché commence à baisser, les courtiers paniquent et exigent d'être remboursés immédiatement (les fameux *Margin Calls* ou appels de marge). Les investisseurs sont alors contraints de vendre leurs actions à n'importe quel prix pour éponger leurs dettes. C'est précisément cette réaction en chaîne de ventes forcées qui peut lancer le krach et transformer une simple correction en un effondrement dévastateur.

- *Le Signal d'Alerte Rouge :* Une accélération parabolique de cette dette vers des records historiques, suivie d'un plafonnement brusque. C'est le signe que le marché a sans doute peu de liquidités disponibles, et cela signale peut-être l'amorce d'un retournement de tendance.

Pilier 2 : La valorisation

Pour mesurer la valorisation du marché, la grande majorité des analystes utilisent le ratio Cours/Bénéfices classique (le P/E ratio) ou encore le fameux ratio de Shiller (CAPE). Mais dans le monde économique moderne, ces indicateurs me semblent inadaptés car ils ignorent une composante fondamentale : la croissance. Une entreprise peut sembler très chère à première vue, mais si la croissance de ses bénéfices est fulgurante, ce prix est parfaitement justifié. C'est pourquoi je privilégie le ratio PEG (*Price/Earnings-to-Growth*), qui met intelligemment en perspective le prix que vous payez avec la croissance réelle de l'entreprise.

- *Le Signal d'Alerte Rouge :* Lorsque le PEG global du marché atteint des niveaux historiquement élevés. À ce stade, la valorisation globale est stratosphérique et n'est plus du tout justifiée par la croissance attendue des bénéfices. Le marché ne repose plus sur des bases fondamentales, mais uniquement sur l'espoir et la spéculation.

Pilier 3 : La Fièvre des IPOs

Les introductions en bourse (IPO) sont un excellent thermomètre de la cupidité humaine. Quand le marché est inondé d'argent facile et que les investisseurs sont terrifiés à l'idée de "rater le train", la rigueur comptable disparaît complètement. N'importe quelle entreprise, même avec un modèle économique douteux, en profite pour entrer en Bourse et lever des milliards auprès d'un public complaisant.

- *Le Signal d'Alerte Rouge :* L'alerte ne vient pas uniquement des bonds irrationnels des actions le premier jour de leur cotation. Le véritable signal d'alarme vient du volume : lorsque l'on assiste à une multiplication d'IPOs pour des entreprises qui perdent structurellement de l'argent. Historiquement, quand la majorité des sociétés qui entrent en Bourse ne génèrent aucun bénéfice mais réussissent tout de même à attirer les foules, cela signale presque toujours le sommet absolu d'une bulle spéculative.

Pilier 4 : Le Credit Spread (Le radar du Smart Money)

Le marché des actions est souvent naïf et euphorique. Le marché obligataire (celui de la dette), en revanche, est froid, cynique et beaucoup plus intelligent. C'est le royaume du *Smart Money*. Le "Credit Spread" mesure l'écart de taux d'intérêt entre la dette des entreprises ultra-solides (AAA) et la dette des entreprises fragiles ou "zombies" (Junk bonds).

- *Le Signal d'Alerte Rouge :* Un écartement violent de ce spread. Si les banquiers d'affaires exigent soudainement des taux d'intérêt énormes pour prêter aux entreprises fragiles, c'est qu'ils flairent une vague de faillites imminente. Le marché obligataire sent toujours le sang avant le marché des actions.

Pilier 5 : La Largeur du Marché (L'arbre qui cache la forêt)

Parfois, les indices boursiers phares (comme le S&P 500 ou le Nasdaq) battent des records historiques. À la télévision, tout semble aller pour le mieux et l'optimisme règne. Pourtant, ces indices sont pondérés par la capitalisation boursière, ce qui signifie qu'une poignée de géants dicte la direction générale. La "largeur du marché" permet de regarder sous le capot pour vérifier si la hausse est saine et partagée par l'économie réelle, ou si elle n'est qu'une simple illusion d'optique.

- *Le Signal d'Alerte Rouge :* Une excellente façon de mesurer cette santé globale est de regarder le pourcentage d'entreprises qui évoluent en dessous de leur moyenne mobile (généralement la moyenne à 200 jours), ce qui les place factuellement dans une tendance négative. Si les indices sont à des sommets, mais que plus de la moitié des entreprises (plus de 50 %) sont en tendance baissière, la divergence est dangereuse. Le marché ne tient plus que grâce à 5 ou 6 actions géantes ; c'est un colosse aux pieds d'argile prêt à basculer.

Pilier 6 : L'Insider Buying (La conviction des initiés)

Les PDG, les fondateurs et les membres des conseils d'administration connaissent la véritable santé de leur entreprise bien avant les analystes de Wall Street. Traditionnellement, beaucoup d'observateurs tentent de mesurer la panique en regardant les *ventes* d'actions de ces dirigeants (l'Insider Selling). Je ne suis pas du tout d'accord avec cette approche. Il existe des centaines de raisons pour lesquelles un patron vend ses actions : payer ses impôts, diversifier son patrimoine, financer un divorce ou acheter une maison. En revanche, il n'existe qu'une seule et unique raison pour laquelle un dirigeant achète des actions de sa propre entreprise avec son argent personnel : il est convaincu que le prix va monter. C'est donc la mesure ultime de la confiance des dirigeants et de la véritable valeur du marché.

- *Le Signal d'Alerte Rouge :* Lorsque les rachats d'actions par les dirigeants (les achats d'initiés) tombent à un niveau historiquement bas. Si plus aucun patron ne veut mettre la main à la poche pour acheter ses propres actions au prix actuel, pourquoi devriez-vous le faire ?

Pilier 7 : Le Ratio Put / Call (L'euphorie grand public)

Ce dernier pilier est le baromètre ultime du sentiment des petits porteurs. Sur le marché des options (que nous verrons en détail dans la Partie 3), on peut acheter des Calls pour parier sur la hausse, ou des Puts pour s'assurer contre la baisse.

- *Le Signal d'Alerte Rouge :* Un ratio durablement inférieur à 0,5. Cela signifie que plus personne n'achète d'assurance (Puts), et que le monde entier parie agressivement sur une hausse infinie (Calls). Le sentiment de surpuissance et d'invincibilité est total. C'est historiquement à la seconde précise où les investisseurs pensent que le risque a disparu... que le marché les punit avec la plus grande violence.

Conclusion : Votre Météo en Temps Réel

Avec ces 7 piliers, nous avons un tableau de bord complet qui nous permet de mesurer trois éléments vitaux :

1. La cupidité des intervenants (sont-ils irrationnels ?).
2. La valorisation du marché (est-il fondamentalement trop cher ?).
3. L'exposition au risque (le marché est-il vulnérable à la moindre étincelle ?).

Savoir que ces 7 piliers existent est une chose. Les compiler, les pondérer et les interpréter au quotidien en est une autre. Je suis ces données très régulièrement et je mets à jour l'indicateur synthétique de notre "Krach-O-Mètre" en libre accès sur mon site **www.krachboursier.com**.

Ce n'est évidemment pas le seul outil au monde, mais il a l'immense mérite d'être 100 % rationnel, factuel et totalement gratuit.

Attention toutefois à ne pas vous tromper sur son utilité : ce tableau de bord n'est pas une boule de cristal. Ce n'est pas un indicateur parfait de ce qu'il va se passer *demain matin* à l'ouverture de la Bourse. Il sert plutôt à comprendre dans quelle *période* économique et psychologique nous nous trouvons. Un krach peut se faire attendre très longtemps même si tous les voyants sont au rouge (le fameux adage dit que le marché peut rester irrationnel plus longtemps que vous ne pouvez rester solvable). Cependant, le Krach-O-Mètre est composé d'indicateurs avancés. Il ne vous donne pas la date de la tempête, mais il vous dit avec certitude que les nuages qui s'accumulent au-dessus de vos têtes sont chargés de foudre.

Puisqu'il est impossible de prédire la date exacte d'un krach, ce Krach-O-Mètre est notre meilleur outil pour jauger le risque. Il nous évite de céder à la panique au moindre soubresaut, et nous empêche surtout de nous laisser griser par l'euphorie quand le marché devient fou.

Conclusion : L'Éloge de la Préparation

Le marché est irrationnel parce que l'humain l'est. Il est programmé pour créer des bulles et des krachs.

Charlie Munger, le partenaire de Warren Buffett, l'a résumé d'une phrase dans son style inimitable :

> *"Si vous n'êtes pas capable de supporter psychologiquement une chute de 50 % de vos investissements, deux ou trois fois par siècle, vous n'êtes pas fait pour être actionnaire et vous méritez le rendement médiocre que vous obtiendrez."*

Puisqu'il est impossible de prédire quand le krach surviendra, la seule stratégie viable n'est pas la prédiction, mais la préparation. En étant prêt on peut même profiter des krachs.

Dans les prochaines parties nous passerons en revue 9 portefeuilles sensés protéger des krach. L'on analysera comment ils ont performé durant les périodes de crises. Puis dans la partie suivante nous verrons comment se protéger avec différents outils comme des ETF spécialisés et des options (mes préférés). Enfin dans la dernière partie nous verrons comment bénéficier d'une chute et avoir tout préparé pour ne pas succomber aux émotions pendant des atmosphères de fin du Monde.

PARTIE II :

BÂTIR LA FORTERESSE : LE CRASH-TEST DES PORTEFEUILLES

Dans la première partie de ce livre, nous avons regardé la vérité en face : le prochain krach n'est pas une simple probabilité, c'est une certitude mathématique et historique. L'aiguille du pendule finira par basculer de l'euphorie aveugle à la terreur absolue, et notre Krach-O-Mètre finira inévitablement par virer au rouge. La tempête arrivera.

La question n'est donc plus de savoir *quand* elle frappera, mais *comment* votre navire va y résister. C'est ici que nous quittons le domaine de la psychologie de marché pour entrer dans le vif du sujet : l'architecture de votre portefeuille. C'est votre toute première ligne de défense.

Dans cette deuxième partie, nous allons passer au crible **9 portefeuilles distincts**, parmi les plus célèbres et les plus réputés du monde. Nous analyserons en détail le fameux "Quatre Saisons" (*All Weather*) de Ray Dalio, la robustesse intemporelle du Portefeuille Permanent de Harry Browne, l'approche rassurante de la stratégie à haut rendement par les dividendes, et même des allocations beaucoup plus extrêmes, comme le portefeuille 100 % Or. Autant de stratégies spécifiquement pensées, calibrées et construites pour protéger votre capital quand l'apocalypse financière s'abat sur les marchés.

Mais attention, je refuse de me contenter de belles promesses théoriques ou de dogmes rassurants. S'il y a bien une chose que nous avons apprise, c'est que la finance est un domaine où les théories économiques peuvent vite s'avérer très fumeuses si elles ne sont pas ancrées dans le réel. Lorsqu'il s'agit de la sécurité de votre patrimoine, les belles idées sur le papier ne suffisent pas : il faut des preuves. Il faut confronter ces théories aux données chiffrées et à la cruauté de l'histoire. J'ai donc décidé d'être implacable.

J'ai personnellement soumis chacune de ces **9 architectures** au supplice du "crash-test". J'ai simulé le comportement de ces portefeuilles face aux pires crises de notre époque. Tous les chiffres, les rendements et les pertes maximales que vous allez découvrir dans les pages qui suivent ne sont pas des calculs faits à la va-vite sur un coin de table. Ce sont des données réelles, extraites et vérifiées à l'aide de **Portfolio Visualizer**, le site de référence absolu en matière de backtesting et d'analyse quantitative (un outil exceptionnel que je vous recommande d'ailleurs vivement pour vos propres recherches).

Pour que ce test de résistance soit irréfutable, nous avons remonté le temps sur près de 30 ans. Trente années d'histoire économique ! Cela signifie que les portefeuilles que nous allons disséquer ont dû affronter, en conditions réelles : l'éclatement de la bulle Internet des années 2000, le cataclysme des subprimes en 2008, la panique éclair du Covid en 2020, et le violent bain de sang obligataire et inflationniste de 2022. Le test de l'oreiller ultime.

Qui a sombré ? Qui a tenu le choc ? Lequel a réussi l'exploit de protéger le capital tout en continuant de générer de la richesse ?

Préparez-vous. Les résultats factuels que vous allez découvrir risquent de pulvériser quelques mythes financiers bien ancrés et, surtout, de vous révéler quelle forteresse est réellement faite pour vous.

Entrons dans le laboratoire.

NOTE DE L'AUTEUR : MÉTHODOLOGIE DE NOS CRASH-TESTS

Avant de passer ces portefeuilles au crible, je souhaite vous partager en toute transparence les deux règles méthodologiques qui ont encadré mes tests :

Avant de passer ces portefeuilles au crible, je souhaite vous partager en toute transparence les deux règles méthodologiques qui ont encadré mes tests :

1. Les dates de départ (1996 ou 1999) Dans les chapitres qui suivent, vous remarquerez que la date de départ de nos backtests varie parfois entre 1996 et 1999. Pourquoi cette différence ? Ce n'est pas un choix arbitraire, mais une contrainte technique : de nombreux ETF (les fonds qui nous permettent de répliquer ces portefeuilles) n'avaient tout simplement pas encore été créés en 1996. J'ai fait le choix de remonter le plus loin possible (idéalement 1996) pour chaque portefeuille afin de vous offrir l'historique de résistance le plus long, et d'utiliser 1999 lorsque les données antérieures n'existaient pas.

Dans tous les cas, ces périodes couvrent les pires krachs de l'histoire moderne (Bulle Internet, Subprimes, krach du Covid et inflation de 2022). Ce panel constitue un "stress-test" d'une fiabilité absolue.

2. Le standard de comparaison : le rebalancement annuel Pour que la comparaison entre ces portefeuilles soit parfaitement juste et ne soit pas biaisée par la date de départ, j'ai appliqué une règle standard de l'industrie : le rebalancement annuel (*annual rebalancing*).

Par exemple, si un portefeuille est conçu pour avoir 60 % d'actions et 40 % d'obligations, une forte hausse de la Bourse va naturellement fausser cet équilibre au fil des mois (passant par exemple à 70/30). Le portefeuille prend alors plus de risques que prévu. Le rebalancement consiste simplement, une fois par an, à revendre une partie des actifs qui ont monté pour racheter ceux qui ont baissé, ramenant ainsi l'allocation à sa cible stricte de 60/40. Cette méthode conventionnelle garantit que nous testons la véritable solidité de l'architecture d'origine, année après année.

3. Les graphiques et le livret d'accompagnement Pour illustrer concrètement la résistance de ces portefeuilles face à la chute du S&P 500, j'ai modélisé plusieurs graphiques comparatifs en m'appuyant sur les données historiques de l'outil quantitatif de référence *Portfolio Visualizer*. Afin de conserver une lecture fluide et de ne pas alourdir inutilement les chapitres, j'ai choisi de n'intégrer dans ces pages que les graphiques les plus représentatifs.

Cependant, pour les lecteurs qui souhaitent pousser l'analyse visuelle jusqu'au bout, j'ai compilé l'intégralité des courbes de nos 9 portefeuilles dans un livret PDF d'accompagnement. Vous pouvez retrouver et télécharger ce document complet gratuitement sur mon site : **www.krachboursier.com**.

6. Le Portefeuille "Value" (Graham & Buffett)

Acheter un billet de 100 $ pour 50 $

1. Qu'est-ce que c'est ?

C'est la stratégie rendue légendaire par Benjamin Graham et son disciple, Warren Buffett. L'idée est aussi vieille que le commerce : acheter des actions sous-cotées.

Concrètement, ce portefeuille ne cherche pas les entreprises à la mode qui font la couverture des magazines (comme Nvidia ou Tesla). Il cherche des entreprises solides, rentables, mais temporairement boudées par le marché. On parle ici de ratios cours/bénéfice (P/E) faibles et souvent de gros dividendes.

Historiquement, cela implique une forte pondération en **Banques**, **Énergie**, **Industrie** et **Santé**. C'est l'économie réelle : celle qui fabrique des choses, transporte des gens et finance des projets.

Pourquoi cette stratégie est-elle censée protéger ? (La Théorie)

Avant de voir les chiffres, comprenons la logique. La Value est une protection proactive contre le krach car les actions "pas chères" ont moins de marge baissière que les actions très chères.

- **Le "Plancher" intégré :** Une action qui se paie 8 fois ses bénéfices (P/E de 8) et qui verse un dividende de 5 % possède un "plancher" naturel. Même en cas de panique, sa valeur est soutenue par ses actifs tangibles et ses flux de trésorerie réels. À l'inverse, une action de croissance qui se paie 100 fois ses ventes (et non ses bénéfices !) n'a aucun plancher. Elle peut chuter de 95 % et sembler encore chère.

- **L'amortisseur de chocs :** Si le marché panique et que tout chute de 30 %, votre action Value (achetée à 50 € alors qu'elle en vaut 100 €) ne vaudra peut-être plus que 40 €. C'est douloureux, mais vous savez qu'elle vaut plus. Vous dormez sur vos deux oreilles. En revanche, l'investisseur "Growth" qui a acheté une action à 300 € sur la promesse qu'elle en vaudra 1000 € un jour, la voit chuter à 150 €. Le rêve s'effondre, la panique s'installe.
- **Réduction de la volatilité :** Les entreprises matures sont par nature moins volatiles que les entreprises de technologie spéculative.

2. Comment construire ce portefeuille ?

Vous avez deux écoles pour appliquer cette stratégie.

Option A : La Manière Difficile (et pure)

C'est le style le plus chronophage qui existe. Enfilez votre chapeau de Sherlock Holmes.

Vous devez prendre vos week-ends pour lire des rapports annuels. Vous analysez les bilans, calculez des ratios (Price-to-Earnings, Price-to-Book, Price-to-Cashflow), réalisez des modèles de flux de trésorerie actualisés (DCF) pour trouver la valeur intrinsèque.

C'est un véritable travail d'enquêteur, extrêmement difficile. C'est sans doute bien plus compliqué que d'analyser des entreprises de croissance, car vous devez distinguer une "bonne affaire" d'une entreprise qui va réellement faire faillite.

Option B : La Manière Simple (Les ETF)

Pour l'investisseur qui n'a pas 20 heures par semaine à y consacrer, il existe des ETF (trackers) qui font le travail pour vous. Ils filtrent automatiquement l'univers des actions pour ne garder que celles qui répondent à des critères "Value" mathématiques.

Voici les outils pour l'implémenter :

- 🌍 **Monde (Compte-titres) :**
  - **iShares Edge MSCI World Value Factor** (Ticker : IWVL). C'est la référence pour une diversification mondiale.
- 🇺🇸 **États-Unis :**
  - **Vanguard Value ETF** (Ticker : VTV) ou **iShares S&P 500 Value ETF** (Ticker : IVE).
- 🇪🇺 **Europe (Éligible PEA pour les résidents français) :**
  - **iShares Edge MSCI Europe Value Factor** (Ticker : IEFV).
  - *Alternative PEA :* **BNP Paribas Easy Equity Value Europe** (Ticker : EVAE).

3. À l'épreuve du feu des krachs

La théorie du "plancher" fonctionne-t-elle dans la réalité ? C'est mitigé, cela dépend de la *nature* de la crise.

- **La Bulle Internet (2000-2002) : Un bouclier à trous.**

  Le S&P 500 s'est effondré de **-44,7 %**. Le portefeuille Value a limité la casse à **-32 %**. Ici, la théorie a fonctionné à merveille : les investisseurs ont fui les promesses virtuelles pour revenir vers le concret.

- **La Crise Financière (2008) : L'échec.**

  Le portefeuille a plongé de **-51 %**, exactement comme le marché. Pourquoi le "plancher" a-t-il cédé ? Parce que les actions "pas chères" comprennent souvent des bancaires. En 2008, c'est le secteur bancaire qui était l'épicentre du séisme.

- **La Crise Inflationniste (2022) : La résilience.**

  Alors que le S&P 500 chutait de **-18 %**, la Value n'a perdu que **-5,5 %**. La hausse des taux a pénalisé les actions de croissance (chères), mais a profité aux banques et à l'énergie (Value).

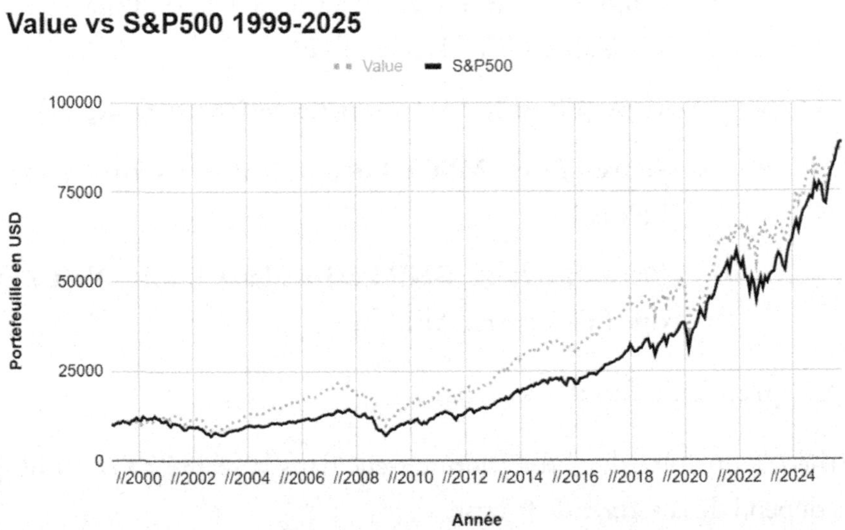

Figure 3 : Performance Value vs S&P500

4. Performance depuis 30 ans

La performance de la "Value" est une histoire de cycles longs.

- **Depuis 1996 :** Si vous aviez commencé en 1996, vous auriez un rendement annuel moyen (CAGR) d'environ **9,1 %**. C'est très respectable, mais légèrement derrière le S&P 500 car vous avez raté l'euphorie de la fin des années 90.

- **Depuis 1999 :** Si vous aviez commencé juste avant l'éclatement de la bulle internet, vous faites **jeu égal avec le S&P 500** (autour de 8,5 % par an). La protection initiale a payé.

L'anomalie des 10 dernières années (2016-2025)

C'est la période qui fait mal aux dents pour l'investisseur Value, dominée par la technologie.

Si vous aviez investi **10 000 $** début 2016 :

- Sur le S&P 500, vous auriez aujourd'hui **39 462 $** (+295%)

- Sur le portefeuille Value, vous auriez **29 553 $** (+196%) Le coût d'opportunité est de près de **10 000 $** soit presque 100% d'écart. C'est le prix à payer pour la sécurité apparente. A vous de voir si cela vaut le coup pour la protection que cela offre.

Un air de "déjà-vu" ? Ceci dit, ce phénomène est étrangement similaire au tournant des années 2000. À l'époque, les jeunes "sachants" se moquaient de Warren Buffett, affirmant qu'il ne comprenait rien à la Tech et qu'il était un "has been". Quelques années plus tard, ces jeunes prodiges ont fini ruinés, retournant parfois vivre chez leurs parents, alors que Buffett continuait imperturbablement sa trajectoire pour devenir l'homme le plus riche du monde.

5. Le Verdict.

Le portefeuille Value est une stratégie de **caractère**.

Elle s'adresse à l'investisseur patient, celui qui aime faire des bonnes affaires et qui refuse de surpayer. Elle offre ce fameux "plancher" psychologique et financier qui permet de mieux dormir quand les marchés sont agités.

Cependant, il faut avoir les nerfs solides pour accepter de sous-performer le marché pendant que vos voisins s'enrichissent avec les valeurs technologiques à la mode (FOMO). C'est une valeur sûre pour les gens qui veulent dormir tranquille et qui ne s'inquiètent pas de ce que font les autres.

7. Le Portefeuille "All Weather" (Ray Dalio)

L'art de naviguer par tous les temps

Nous quittons le monde du "Stock Picking" de Warren Buffett pour entrer dans celui de la "Macro-Économie". Si Buffett est le meilleur pour choisir *quelle* entreprise acheter, Ray Dalio (fondateur de Bridgewater, le plus grand Hedge Fund au monde) est le maître pour savoir *dans quel environnement* nous vivons.

1. Qu'est-ce que c'est ?

L'idée de Ray Dalio est simple : personne ne sait de quoi demain sera fait. Inflation ? Déflation ? Croissance ? Récession ?

Au lieu d'essayer de prédire l'avenir (ce qui est impossible), Dalio a construit un portefeuille capable de résister aux "4 Saisons" de l'économie.

Contrairement au portefeuille Value qui mise tout sur les actions, le "All Weather" est un chef-d'œuvre d'équilibre. Il part du principe que quand une classe d'actifs souffre, une autre doit prospérer. Ici l'objectif est la préservation du capital.

La Composition (La recette magique) :

C'est une allocation très précise, pondérée par le risque :

- **30 % Actions :** Pour profiter de la croissance économique (les périodes de beau temps).

- **40 % Obligations Long Terme (20 ans+) :** Pour protéger contre la déflation et les krachs boursiers.
- **15 % Obligations Moyen Terme (7-10 ans) :** Pour apporter de la stabilité.
- **7,5 % Or :** Pour protéger contre la dévalorisation de la monnaie et la peur.
- **7,5 % Matières Premières :** Pour protéger contre l'inflation surprise.

Vous remarquez ? Seulement 30 % d'actions. C'est un portefeuille très défensif.

2. Comment construire ce portefeuille ?

Ici, pas besoin d'analyser des bilans. C'est de l'architecture pure. Vous pouvez le construire avec des ETF.

Il existe d'ailleurs un ETF "clé en main" qui réplique cette stratégie globale : **l'ETF ALLW** (SPDR Bridgewater All Weather ETF). C'est la solution de facilité, mais elle comporte deux bémols : cet ETF n'est pas forcément accessible pour les investisseurs européens (à cause de la réglementation MIFID II), et ses frais de gestion sont assez importants (autour de 0,85 %).

Si vous voulez le faire vous même :

- [U][S] **Version États-Unis (La version originale) :**
    - **Actions (30%) :** Vanguard Total Stock Market (VTI).
    - **Obligations Longues (40%) :** iShares 20+ Year Treasury Bond (TLT).

- **Obligations Moyennes (15%) :** iShares 7-10 Year Treasury Bond (IEF).
- **Or (7.5%) :** SPDR Gold Shares (GLD).
- **Matières Premières (7.5%) :** Invesco DB Commodity Index (DBC).

- 🌍 **Version Européenne (Compte-Titres) :** Pour un investisseur européen, c'est plus complexe à cause des obligations américaines, mais voici une réplication fidèle :
  - **Actions :** iShares Core MSCI World (SWDA).
  - **Obligations EUR Gov :** Lyxor Euro Government Bond 10-15Y (MTH).
  - **Or :** iShares Physical Gold (IGLN).
  - **Matières Premières :** Lyxor Commodities Refinitiv (CRB).

3. À l'épreuve du feu des krachs

C'est la grande promesse de Dalio : passer à travers les gouttes. Est-ce que ça marche ? Regardons les backtests.

- **La Bulle Internet (2000-2002) : L'imperturbable.** Alors que le S&P 500 s'effondrait de **-45 %** sur la période, le All Weather a limité la casse de manière spectaculaire, ne perdant au maximum que **-5 %**. Mieux encore : en l'an 2000, année du grand krach technologique, le portefeuille est resté vert avec une performance positive de **+5,9 %**.*Pourquoi ?* Les investisseurs ont fui les actions pour se réfugier vers les obligations d'État, faisant exploser leur valeur et compensant les pertes boursières.

- **La Crise Financière (2008) : La preuve du concept (ou presque).**
  En 2008, le S&P 500 a plongé de **-50,8 %**. Le All Weather a tenu bon avec une baisse limitée à environ **-15 %**.Certes, il a baissé, mais c'est une égratignure comparée à l'amputation subie par les actionnaires. La mécanique des obligations refuges a fonctionné.

- **L'Année Noire (2022) : La panne moteur.** Toute stratégie a une faille. Celle du All Weather, c'est l'inflation brutale combinée à une hausse des taux. En 2022, ce fut l'échec de la diversification : actions et obligations ont chuté en même temps. Le portefeuille a subi un drawdown de **-23,2 %**, faisant jeu égal (dans le mauvais sens) avec le S&P 500 (-24 %). Pour la première fois, l'assurance n'a pas payé.

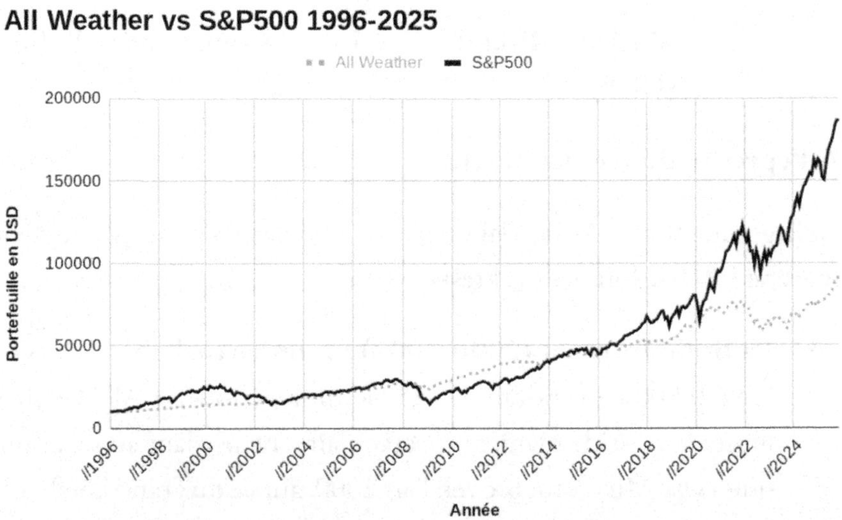

Figure 4 : Performance All Weather vs S&P500

4. Performance depuis 30 ans

Le All Weather est la "Tortue" de la fable (boostée à l'or).

- **Depuis 1996 (30 ans) :** Il délivre un rendement moyen (CAGR) de **7,69 % par an**. C'est solide, mais en dessous du S&P 500 (10,28 %). Le "coût" de votre tranquillité est d'environ 2,6 % de rendement par an sur 30 ans.
- **L'anomalie des 10 dernières années (2016-2025) :** C'est ici que la facture devient salée. La lourde exposition aux obligations longues (TLT), censées protéger, a coûté une fortune en coût d'opportunité pendant ce cycle haussier. Si vous aviez investi **10 000 $** début 2016 :
    - Sur le S&P 500, vous auriez aujourd'hui **39 462 $**.
    - Sur le All Weather, vous auriez **18 306 $**.
- **Le constat est brutal :** Vous avez fini avec deux fois moins de capital qu'un investisseur 100% actions. Vous avez renoncé à plus de 20 000 $ de gains pour éviter la volatilité.

5. Le Verdict

Le portefeuille All Weather est une merveille d'ingénierie financière. C'est l'assurance-vie ultime pour ceux qui ont **déjà** fait fortune et veulent préserver leur capital contre la déflation et les crises économiques classiques.

Mais attention : Il ne protège pas contre tout.

Son point faible, c'est l'**inflation** (comme en 2022). Avec 55 % d'obligations, il est vulnérable si la monnaie perd de sa valeur trop vite et que les banques centrales montent les taux.

L'ajustement tactique :

Si vous craignez le retour de l'inflation, la recette originale de Dalio (très chargée en obligations) peut être dangereuse. D'ailleurs, depuis que la crise de l'inflation a fait des ravages en 2022, le très médiatique Ray Dalio a lui-même préconisé d'ajuster son propre modèle. Il recommande désormais de réduire la part obligataire et d'augmenter l'allocation d'or jusqu'à 15 %. Il est même allé plus loin en suggérant d'y ajouter une petite part de Bitcoin (oui, oui, il a bien dit cela !), rendant le véhicule beaucoup plus "tout-terrain" face à la dévaluation de la monnaie.

8. Le Portefeuille "60/40" (Le Classique)

Le standard de l'industrie (pour le meilleur et pour le pire)

Si vous allez voir un conseiller financier dans une grande banque et que vous demandez un portefeuille "équilibré", il y a 95 % de chances qu'il vous propose une variante de celui-ci. C'est la référence, le "Benchmark", le mètre étalon de la finance mondiale.

1. Qu'est-ce que c'est ?

L'idée est de ne pas mettre tous ses œufs dans le même panier, mais de séparer le portefeuille en deux moteurs distincts qui, théoriquement, ne devraient pas tomber en panne en même temps.

- **60 % d'Actions (Le Moteur) :** Pour capturer la croissance économique et enrichir l'investisseur.
- **40 % d'Obligations (Le Parachute) :** Pour apporter de la sécurité et des revenus réguliers (coupons).

L'hypothèse fondamentale de ce portefeuille est la **décorrélation**. Quand les actions montent (croissance), les obligations rapportent peu mais stabilisent. Quand les actions s'effondrent (récession), les banques centrales baissent les taux, ce qui fait monter la valeur des obligations. Les gains des uns compensent les pertes des autres. C'est le principe des vases communicants.

2. Comment construire ce portefeuille ?

C'est le portefeuille le plus simple à mettre en place. Deux lignes suffisent.

- **États-Unis (La version originale) :**
  - **Actions (60 %) :** Vanguard Total Stock Market (VTI) ou S&P 500 (VOO).
  - **Obligations (40 %) :** Vanguard Total Bond Market (BND). C'est un mélange de dettes d'État et d'entreprises de haute qualité.
- **Version Européenne (Pour vous) :**
  - **Actions (60 %) :** Un ETF Monde comme le iShares Core MSCI World (SWDA) ou Amundi MSCI World (CW8).
  - **Obligations (40 %) :** Il est crucial de prendre des obligations "couvertes en devise" (Hedged) ou libellées en Euros pour ne pas subir le risque de change sur la partie sécurité.
    - *Exemple :* iShares Core Global Aggregate Bond UCITS ETF EUR Hedged (AGGH).

3. À l'épreuve du feu des krachs

Le 60/40 a bâti sa légende sur sa capacité à amortir les chocs. Mais comme vous allez le voir, il a une faille mortelle.

- **La Bulle Internet (2000-2002) : L'assurance fonctionne.** Le S&P 500 s'est effondré de **-44,7 %**. Le 60/40 a limité la casse à **-22 %**. *Pourquoi ?* Le scénario classique : "Flight to Quality". Les investisseurs ont fui les actions technologiques pour se réfugier vers la sécurité des obligations, faisant monter leur prix. Le parachute s'est ouvert à mi-hauteur.

- **La Crise Financière (2008) : Ça secoue, mais ça tient.** Face à un krach boursier de **-51 %**, le 60/40 a baissé de **-36 %**. C'est mieux que le marché, mais c'est quand même douloureux. L'investisseur a perdu plus du tiers de sa fortune. Le parachute a ralenti la chute, mais l'atterrissage a été rude.

- **L'Année Noire (2022) : L'échec du modèle.** C'est le scénario cauchemar que les banquiers avaient oublié. L'inflation a forcé la hausse brutale des taux. *Résultat :* Les actions ont baissé (peur de la récession) ET les obligations ont baissé (krach obligataire dû aux taux). La corrélation est devenue positive. Les deux moteurs sont tombés en panne en même temps. Le portefeuille a perdu -**23 %**, soit quasiment autant que le S&P 500. Cette année-là, la diversification n'a servi à rien.

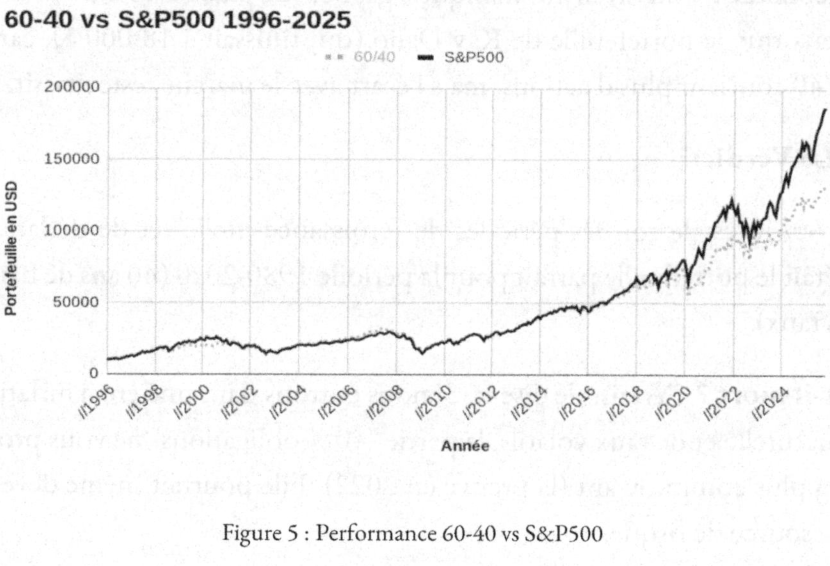

Figure 5 : Performance 60-40 vs S&P500

4. Performance depuis 30 ans

Le 60/40 est un compromis. Il ne sera jamais le meilleur, mais il essaie de ne jamais être le pire.

- **Depuis 1996 :** Il délivre un rendement annuel moyen (CAGR) de **8,25 %**. C'est solide, environ 2 % de moins que le 100 % actions, mais avec une volatilité réduite.
- **Depuis 1999 :** Avec un rendement de **7,11 %**, il fait bonne figure grâce à sa résistance lors des deux premiers krachs du millénaire.

L'anomalie des 10 dernières années (2016-2025) Comme pour le portefeuille "All Weather", la composante obligataire a été un boulet lors du dernier grand cycle haussier.

Si vous aviez investi **10 000 $** début 2016 :

- Sur le S&P 500, vous auriez aujourd'hui **39 462 $**.
- Sur le 60/40, vous auriez **24 190 $**.

Le constat : Vous avez un "manque à gagner" de plus de **15 000 $**. C'est mieux que le portefeuille de Ray Dalio (qui finissait à 18 000 $), car le 60/40 contient plus d'actions, mais l'écart avec le marché reste massif.

5. Le Verdict

Le 60/40 est le roi des périodes de "croissance molle" et de déflation. C'était le portefeuille parfait pour la période 1980-2020 (40 ans de baisse des taux).

Est-il mort ? Certains le disent. Si nous entrons dans une ère d'inflation structurelle et de taux volatils, la partie "40 % obligations" ne vous protégera plus comme avant (la preuve en 2022). Elle pourrait même devenir une source de risque.

Cependant, pour l'investisseur lambda qui ne veut pas réfléchir et qui veut juste "lisser" un peu les secousses sans chercher la perfection, cela reste une option viable, à condition d'accepter que le parachute puisse ne pas s'ouvrir en cas d'inflation.

9. Le Portefeuille "100% Obligations" (Le Sanctuaire)

Prêter son argent à l'État pour dormir tranquille (ou pas)

C'est l'investissement des très inquiets par excellence. Pas de spéculation, pas d'entreprises, pas de PDG excentriques. Juste de la dette d'État. Vous prêtez votre argent à la puissance publique (États-Unis, Allemagne, France) et elle vous verse un loyer (le coupon) avant de vous rembourser. C'est censé être le "risque zéro".

1. Qu'est-ce que c'est ?

Techniquement, c'est un portefeuille composé exclusivement de bons du Trésor (Treasuries).

Dans l'imaginaire collectif, c'est la sécurité absolue. Si l'État fait faillite, c'est que la civilisation s'est effondrée et que votre argent ne vaut plus rien de toute façon.

Historiquement, c'est l'actif "anti-crise". Quand les investisseurs ont peur (guerre, récession, pandémie), ils vendent tout pour acheter des obligations d'État. Cela fait monter leur prix.

2. Comment construire ce portefeuille ?

C'est très simple. Vous achetez de la dette d'État à long terme (pour le rendement et la protection) ou à moyen terme (pour la stabilité).

- **États-Unis (Treasuries) :**
  - **Long Terme (20+ ans) :** iShares 20+ Year Treasury Bond (TLT). C'est la version la plus "agressive" et protectrice en cas de krach boursier.
  - **Moyen Terme (7-10 ans) :** iShares 7-10 Year Treasury Bond (IEF).
- **Europe (Eurozone) :**
  - **Gouvernements Euro (Tous pays) :** Lyxor Euro Government Bond (MTH).
  - **Allemagne (Le "Flight to Quality" ultime) :** iShares eb.rexx Government Germany (EXH1).

3. À l'épreuve du feu des krachs

C'est ici que l'on comprend pourquoi ce portefeuille a tant d'adeptes... et pourquoi il est dangereux aujourd'hui.

- **La Bulle Internet (2000-2002) : Le Grand Gagnant.**

  Pendant que le Nasdaq perdait 80 % de sa valeur et que les fortunes de la Tech partaient en fumée, ce portefeuille vivait son âge d'or.

  Performance : Des années incroyables à **+13 %, +7 %, +15 %**. *Le Drawdown :* Une baisse maximale anecdotique de **-6 %**. *Pourquoi ?* C'était l'anti-krach parfait. Les taux baissaient, propulsant le prix des obligations vers les sommets.

- **La Crise Financière (2008) : La Forteresse.**

  Alors que le système bancaire mondial tremblait et que les actions perdaient la moitié de leur valeur, les obligations d'État n'ont quasiment pas bougé (Max Drawdown de **-6 %**). Dans un monde menacé par la déflation, le Cash et les Obligations sont rois.

- **Le Cauchemar (2020-2023) : Le Krach Obligataire.**

  C'est l'événement que personne n'avait vu venir. Après 40 ans de baisse des taux, l'inflation est revenue, forçant les banques centrales à remonter les taux brutalement.

  Le Résultat : Un effondrement historique. Entre août 2020 et octobre 2023, les obligations longues (TLT) ont perdu **-50 %** de leur valeur (aussi violent que le krach boursier de 2008 !). *Max Drawdown du portefeuille :* **-31 %**. Pour un actif censé être "sans risque", c'est un choc psychologique majeur.

4. Performance depuis 30 ans

L'histoire des obligations est celle de deux mondes opposés.

- **L'Âge d'Or (1980-2020) :** Pendant 40 ans, les taux ont baissé, offrant aux détenteurs d'obligations des gains en capital massifs en plus des coupons. Sur la période 1999-2024, le rendement moyen est d'environ **4-5 %**. C'est honnête pour de la sécurité.

- **Le Carnage Silencieux (2016-2025) :** Si vous aviez misé sur la sécurité ces 10 dernières années, vous avez perdu. *Rendement annuel :* Un famélique **1,06 %**. *Rendement Réel (ajusté de l'inflation) :* **-2,04 % par an**. Si vous aviez investi **10 000 $** début 2016 :

  - Sur le S&P 500, vous auriez **39 462 $**.

  - Sur les Obligations (100%), vous auriez **11 105 $**.

- **Le constat :** En 10 ans, vous n'avez quasiment rien gagné en nominal, et vous êtes **plus pauvre** qu'au départ en pouvoir d'achat. Ceux qui ont cherché la sécurité absolue ont vu leur argent fondre littéralement face à l'inflation.

5. Le Verdict

Le portefeuille 100 % Obligations n'est pas un investissement de croissance, c'est un **bunker**.

Il est fantastique en période de **déflation** (quand les prix baissent) ou de récession grave (quand tout le monde panique). C'est le seul actif qui peut gagner 20 % quand la bourse en perd 50 %.

Mais en période d'**inflation**, c'est un piège mortel. C'est la "certitude de perdre de l'argent lentement".

Aujourd'hui, il ne doit être utilisé que comme une *partie* d'un portefeuille (le parachute), jamais comme la totalité (sauf si vous avez 90 ans).

10. Le Portefeuille "Permanent" (Harry Browne)

La forteresse imprenable (ou presque)

Après Ray Dalio et son "All Weather", voici une autre légende de l'investissement défensif : Harry Browne.

Si le portefeuille 60/40 est une berline confortable et le All Weather un 4x4, le Portefeuille Permanent est un **tank**. Il n'est pas conçu pour aller vite, il est conçu pour ne jamais être détruit.

1. Qu'est-ce que c'est ?

Harry Browne part d'un constat simple : l'économie ne peut se trouver que dans l'un de ces quatre états. Pour chaque état, il choisit l'actif roi :

1. **Prospérité (Croissance) :** Les **Actions** performent bien.
2. **Récession (Contraction) :** Le **Cash** amortit le choc.
3. **Inflation (Hausse des prix) :** L'**Or** protège le pouvoir d'achat.
4. **Déflation (Baisse des prix) :** Les **Obligations** explosent à la hausse.

L'idée de génie (ou de folie, selon le point de vue) est d'attribuer le même poids à chaque scénario. Pas de jaloux.

La Composition (La Règle des 4 Quarts) :

C'est d'une simplicité biblique :

- **25 % Actions** (Moteur de croissance).
- **25 % Obligations Long Terme** (Protection déflation).
- **25 % Or** (Protection inflation).
- **25 % Cash** (Protection récession et munitions pour racheter).

C'est le portefeuille le plus diversifié de notre liste. Avoir 25 % d'Or et 25 % de Cash est considéré comme une hérésie par la plupart des banquiers modernes, mais c'est ce qui fait sa force.

Le précurseur de Ray Dalio

Si l'idée de diviser son capital pour résister à tous les environnements économiques vous rappelle étrangement le portefeuille "All Weather" de Ray Dalio que nous venons d'étudier, c'est tout à fait normal. La philosophie fondamentale est rigoureusement identique. En réalité, le Portefeuille Permanent a potentiellement inspiré le célèbre gérant de hedge fund, puisqu'il a été théorisé et publié par Harry Browne dans les années 1980, soit près de 15 ans avant que Ray Dalio ne lance son propre fonds institutionnel ! Les deux hommes ont résolu la même équation, mais de manière différente : là où Dalio a utilisé la complexité mathématique et la pondération par le risque, Harry Browne a opté pour la simplicité absolue et rustique afin que n'importe quel particulier puisse l'appliquer.

2. Comment construire ce portefeuille ?

L'implémentation est facile, 4 lignes suffisent.

- U S **États-Unis (Version Originale) :**
  - **Actions (25%) :** Vanguard Total Stock Market (VTI) ou S&P 500 (VOO).

  - **Obligations Longues (25%) :** iShares 20+ Year Treasury Bond (TLT).
  - **Or (25%) :** SPDR Gold Shares (GLD) ou iShares Gold Trust (IAU).
  - **Cash (25%) :** Bons du Trésor court terme comme le SHV (iShares Short Treasury Bond) ou un fonds monétaire.

- 🌍 **Version Européenne (Compte-Titres) :**
  - **Actions :** iShares Core MSCI World (SWDA).
  - **Obligations :** Lyxor Euro Government Bond 10-15Y (MTH) ou obligations US couvertes.
  - **Or :** iShares Physical Gold (IGLN).
  - **Cash :** Un ETF monétaire comme le Lyxor Euro Overnight Return (CSH) ou simplement du cash sur un livret sécurisé.

3. À l'épreuve du feu des krachs

C'est ici que le "Permanent" porte bien son nom. Il est construit pour survivre à l'apocalypse financière.

- **La Bulle Internet (2000-2002) : Quel krach ?**

  Alors que le S&P 500 était en chute libre (-9 %, -11 %, -22 % sur trois ans), le portefeuille Permanent affichait une performance positive ou à l'équilibre chaque année. *L'expérience investisseur :* Vous n'avez rien senti. Vos voisins paniquaient, vous regardiez ailleurs. Le Cash et les Obligations ont parfaitement joué leur rôle de tampon.

- **La Crise Financière (2008) : L'incroyable résilience.**

  C'est son fait d'armes majeur. Quand le monde perdait 50 % de sa valeur en actions, le portefeuille d'Harry Browne n'a subi qu'une égratignure : un drawdown maximal de **-2 % à -3 %**. C'est un monde d'écart. C'est la différence entre une crise cardiaque et une piqûre de moustique. L'Or et les Obligations ont compensé la chute des actions.

- **La Faille (2022) : L'attaque simultanée.**

  Comme pour le All Weather, l'année 2022 a été le talon d'Achille. L'inflation a attaqué 3 des 4 piliers simultanément (Actions, Obligations et le pouvoir d'achat du Cash). Seul l'Or a résisté.

  Résultat : Une perte de **-15,6 %**. C'est une baisse rare et violente pour ce portefeuille habitué au calme plat, mais cela reste deux fois moins violent que la chute du Nasdaq la même année.

4. Performance depuis 30 ans

La sécurité absolue a un prix, et il est élevé. C'est un portefeuille très "coûteux" à détenir en période de marché haussier.

- **Depuis 1996 (CAGR) :** Il délivre environ **6,96 % par an**.

  Comparé aux 10,28 % du S&P 500, c'est une sous-performance massive de plus de 3 % par an. Le poids du Cash (qui ne rapporte rien) et de l'Or (qui ne verse pas de dividende) agit comme un frein à main serré en permanence.

- **L'anomalie des 10 dernières années (2016-2025) :**

  Le portefeuille s'en sort un peu mieux que le "All Weather" de Dalio (merci au Cash et à l'Or qui ont mieux tenu que les obligations pures), avec **8,06 % par an**. Si vous aviez investi **10 000 $** début 2016 :

    - Sur le S&P 500, vous auriez **39 462 $**.
    - Sur le Permanent Portfolio, vous auriez environ **21 700 $**.

- **Le constat :** Vous avez renoncé à près de **18 000 $** de gains potentiels. C'est le coût de votre assurance tous risques.

5. Le Verdict

Le Portefeuille Permanent est la stratégie de la **tranquillité d'esprit ultime**.

Ce n'est pas un portefeuille pour *devenir* riche, c'est un portefeuille pour *rester* riche.

Si vous avez déjà gagné le jeu de l'argent (votre patrimoine est suffisant pour vos besoins) et que votre seule peur est de tout perdre, c'est sans doute une des meilleures options qui existe.

En revanche, si vous cherchez à faire grossir votre capital pour préparer votre retraite dans 20 ans, ce portefeuille risque de vous frustrer terriblement. Voir 25 % de son argent dormir en cash pendant que la bourse s'envole demande une force de caractère hors du commun.

11. Le Portefeuille "100% Or" (Cela brille)

La protection contre le chaos (ou la traversée du désert)

Nous entrons ici dans une catégorie à part. L'or n'est pas un investissement comme les autres. Contrairement à une entreprise qui produit des bénéfices ou à une obligation qui verse des intérêts, l'or ne produit rien. C'est un métal inerte.

Warren Buffett aime dire que si vous possédez tout l'or du monde, vous pouvez monter dessus et le caresser, mais il ne vous répondra pas et surtout ne produira rien.

1. Qu'est-ce que c'est ?

C'est le portefeuille de la méfiance absolue envers le système. Vous ne pariez pas sur la croissance des entreprises, mais sur la perte de valeur de la monnaie papier (Dollar, Euro) et sur la peur des autres investisseurs.

C'est une "réserve de valeur" millénaire. Son but n'est pas de vous enrichir, mais de s'assurer que votre pouvoir d'achat traverse les siècles, les guerres et les inflations.

2. Comment construire ce portefeuille ?

Vous pouvez acheter des pièces (Napoléons, Krugerrands) et les enterrer dans votre jardin, ou utiliser des outils financiers modernes qui suivent le prix de l'once (Spot Price).

- **États-Unis :**
  - **SPDR Gold Shares (GLD) :** Le mastodonte du secteur.
  - **iShares Gold Trust (IAU) :** Une alternative populaire avec des frais légèrement plus bas.
- **Europe :**
  - **iShares Physical Gold (IGLN) :** Un ETC (Exchange Traded Commodity) adossé à de l'or physique stocké dans des coffres à Londres.

3. À l'épreuve du feu des krachs

L'or est souvent qualifié de "valeur refuge". Est-ce vraiment le cas ? Les chiffres montrent une réalité un peu plus nuancée.

- **La Bulle Internet (2000-2002) : Une protection relative.** Alors que le S&P 500 s'effondrait de -45 %, l'or ne perdait "que" -12 %. C'est infiniment mieux, mais ce n'est pas sensationnel non plus.
- **La Crise Financière (2008) : Nouvel essai.** En pleine panique bancaire, quand le S&P 500 chutait de -50 %, l'or a servi de soupape de sécurité, limitant sa perte à -25,8 %. C'est une baisse presque deux fois moins forte, mais cela démontre une chose cruciale : lors d'une crise systémique majeure, les investisseurs liquident tout pour obtenir du cash... même leur or.
- **La Crise Inflationniste (2022) : La grosse déception.** Tout était en place. L'or devait être le refuge ultime contre l'inflation. Et pourtant, pendant la crise (de décembre 2021 à septembre 2022), le métal jaune a baissé de presque -8 %. Oui, vous avez bien

lu, il a baissé. Par contre, c'est à partir d'octobre 2022 qu'il a entamé une ascension fulgurante, grimpant d'environ 170 % sur les 3 années suivantes.

- **La traversée du désert (2011-2015) : Le krach de l'or.** C'est le point que les vendeurs d'or oublient souvent de mentionner. L'or aussi peut subir des krachs violents. Entre 2011 et 2015, il a subi un drawdown de -43 %. Pendant ce temps, le marché actions explosait à la hausse. C'est une douleur psychologique intense de voir son portefeuille perdre la moitié de sa valeur quand tout va bien ailleurs. Pour rappel, entre 1996 et 1999, l'or avait également perdu 37 %.

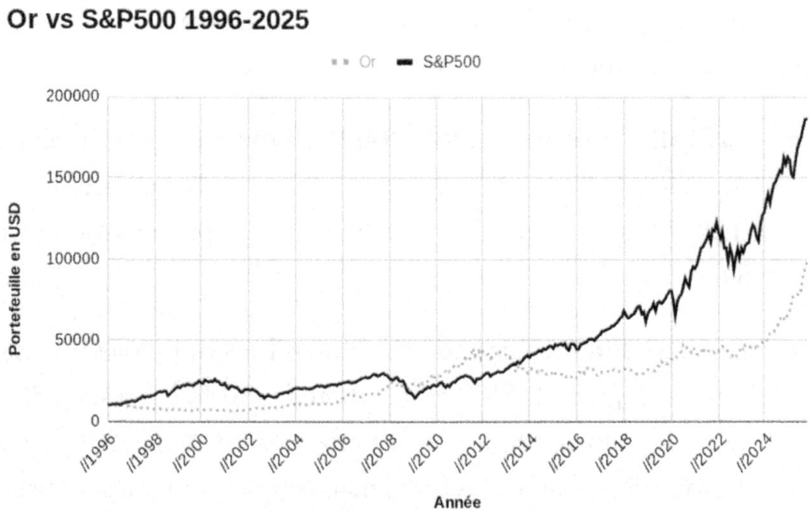

Figure 6 : Performance Or vs S&P500

4. Performance depuis 30 ans

La performance de l'or est une histoire de cycles extrêmes. C'est "tout ou rien". Votre fortune dépend presque exclusivement de votre date d'entrée.

- **Le "Timing" fait tout (1996 vs 1999) :** Si vous aviez acheté en 1996 (début d'un cycle baissier), vous auriez obtenu 7,99 % par an, soit une sous-performance notable face aux 10,28 % du S&P 500. En revanche, si vous aviez acheté en 1999 (le "bottom" de l'or et le top du S&P 500), vous auriez obtenu 10,12 % par an, battant le S&P 500 (8,45 %).

- **L'Anomalie Récente (2016-2025) : La Grande Surprise.** C'est le chiffre choc de nos backtests. À l'heure où j'écris ces lignes (début 2026), contre toute attente, sur la dernière décennie, l'or a fait jeu égal avec les actions!
  - **Or :** +14,48 % par an.
  - **S&P 500 :** +14,85 % par an.
  - Si vous aviez investi 10 000 $en 2016, vous auriez 38 230$ en or aujourd'hui, contre 39 462 $ en actions. Dans une ère de planche à billets intensive, l'or a rivalisé avec les meilleures entreprises du monde.

- **Le Défi Psychologique (La Traversée du Désert) :** Attention aux chiffres flatteurs. L'or est l'actif le plus dur à conserver mentalement. Il a des périodes d'euphorie, mais aussi des décennies de "coma". De 2010 à 2023, l'or n'a rapporté que 2,50 % par an en moyenne. Oui, vous avez bien lu : 2,5 % par an pendant 13 ans, alors que le marché actions battait des records. Il faut une conviction d'acier pour ne pas craquer et tout vendre durant ces périodes de stagnation.

5. Le Verdict

L'or est un actif binaire. Il peut battre le S&P 500 sur 25 ans, mais au prix d'une volatilité aussi violente que celle des actions (Drawdown de -43 %) et de périodes de stagnation qui peuvent durer une décennie entière.

Ce n'est pas un portefeuille complet, c'est une "épice" indispensable. Il doit être présent dans un portefeuille diversifié (comme le All Weather ou le Permanent Portfolio) pour ses propriétés de décorrélation, mais miser 100 % sur l'or est un pari spéculatif et probablement trop concentré. Un All-In, même doré, paraît dangereux.

Personnellement, je préfère les actions. Au moins, j'ai l'impression d'avoir un certain contrôle : j'achète les entreprises que je veux au prix que je veux. L'or est totalement spéculatif et dépend de facteurs totalement hors de mon contrôle.

Si vous souhaitez malgré tout vous exposer à l'or, une autre façon de le faire est d'acquérir des entreprises minières ou des ETF miniers spécialisés dans l'or. Au moins, vous toucherez des dividendes pendant une éventuelle traversée du désert.

12. Le Portefeuille "Barbell" (Nassim Taleb)

La stratégie des extrêmes (Le Moine et le Joueur)

Nous entrons ici dans le territoire de la philosophie pure. Ce portefeuille a été théorisé par Nassim Taleb, l'auteur du best-seller *Le Cygne Noir*.

Taleb déteste les compromis. Il déteste le "tiède". Pour lui, les portefeuilles "équilibrés" (comme le 60/40) sont dangereux car ils vous exposent à des risques cachés sans vous offrir de véritable protection.

Son idée ? Fuir le milieu. Aller aux extrêmes.

1. Qu'est-ce que c'est ?

Imaginez une barre de musculation (Barbell) : tout le poids est aux deux extrémités, la barre au milieu est vide.

Le principe est de diviser votre argent en deux camps radicalement opposés :

1. **L'Hyper-Sécurité (90 %) :** De l'argent investi dans ce qu'il y a de plus sûr au monde. Le but ici n'est pas de gagner de l'argent, c'est de ne jamais en perdre.
2. **L'Hyper-Risque (10 %) :** De l'argent investi dans des paris spéculatifs ultra-agressifs (options, startups, crypto au début, paris asymétriques). Le but est de toucher le jackpot.

La logique est imparable : si le marché s'effondre, vos 90 % sont saufs. Vous ne pouvez jamais perdre plus de 10 % de votre fortune. Mais si un de vos paris fous fonctionne, le gain est illimité (x10, x100). Taleb appelle cela l'**Anti-Fragilité**.

2. Comment construire ce portefeuille ?

C'est intellectuellement le plus difficile à assembler, car il demande d'avoir deux personnalités : un comptable très prudent et un joueur de poker.

- **Le Socle (90 %) :** Oubliez les obligations à long terme ou l'immobilier. Taleb veut du "Cash" ou quasi-cash.
    - **Bons du Trésor à très court terme (T-Bills) :** ETF comme **SHV** (iShares Short Treasury Bond) ou **BIL**.
    - **Fonds Monétaires** ou **Comptes à terme**.
    - *Objectif :* Zéro volatilité.
- **Le Casino (10 %) :** C'est là que tout se complique. Il ne s'agit pas d'acheter du Coca-Cola ou du Total. Il faut des actifs capables d'exploser.
    - **Options d'achat (Calls) :** Parier sur des mouvements violents du marché.
    - **Venture Capital :** Investir dans des startups.
    - **Crypto-monnaies (les plus petites) :** À leurs débuts.
    - *Objectif :* Risque maximum pour gain maximum.

3. À l'épreuve du feu des krachs

Théoriquement, c'est le bouclier ultime.

- **Le scénario catastrophe (Le Cygne Noir) :** Si la bourse ferme, que les banques font faillite et que l'immobilier perd 50 %, vos 90

% en bons du Trésor court terme sont (normalement) préservés. Au pire du pire, vous perdez vos 10 % de paris spéculatifs.

Drawdown Maximum Théorique : **-10 %**. C'est mathématique. Vous avez plafonné votre perte. C'est le seul portefeuille qui vous garantit de ne jamais être ruiné.

4. Performance (L'Impossible Backtest)

C'est ici que nous rencontrons un problème majeur. Contrairement aux portefeuilles précédents, **on ne peut pas tester le Barbell.**

Pourquoi ? Parce que la performance dépend entièrement de votre "génie" (ou de votre chance) sur les 10 % spéculatifs.

- **Scénario A (Le Miracle) :** Vos 10 % étaient sur le Bitcoin en 2013 ou sur des options Tesla avant son explosion. Vous avez multiplié cette partie par 50. Votre portefeuille global a fait +400 %. Vous êtes un génie.
- **Scénario B (La Lente Agonie) :** Vos paris spéculatifs échouent les uns après les autres. Chaque année, vous perdez vos 10 %. Pendant ce temps, vos 90 % en cash ne rapportent rien (ou perdent face à l'inflation). Au bout de 10 ans, vous avez perdu une grosse partie de votre capital, grignoté petit à petit.

Le Piège Psychologique (Le Paradoxe du Génie) :

C'est la faille humaine de cette stratégie.

- **Si ça rate :** Vous vous sentez bête d'avoir perdu de l'argent dans des paris risqués alors que le S&P 500 montait tranquillement.
- **Si ça marche (L'idée géniale) :** C'est pire ! Imaginez que votre pari spéculatif fasse x10. Vous êtes content ? Non. Vous serez dévasté. Une petite voix dans votre tête vous hurlera : *"Pourquoi*

n'as-tu mis que 10 % ?! Si tu avais mis 50 %, tu serais à la retraite aujourd'hui !"

La frustration est garantie dans les deux sens. Il est mentalement épuisant de gérer cette schizophrénie financière : être 90 % "Père de famille ennuyeux" et 10 % "Trader fou".

5. Le Verdict

Le portefeuille Barbell est une construction intellectuelle brillante, mais une torture à appliquer pour le commun des mortels.

Il est réservé à deux types de personnes :

1. Les investisseurs très sophistiqués qui maîtrisent les options et les paris asymétriques.
2. Les ultra-riches qui veulent juste préserver leur fortune (90%) tout en gardant un pied dans le jeu pour s'amuser (10%).

Pour l'investisseur lambda qui cherche à construire sa retraite, c'est souvent une fausse bonne idée. La difficulté de trouver "l'idée de génie" pour les 10 % est immense, et le coût d'opportunité de laisser dormir 90 % du capital est souvent trop lourd à porter.

13. Le Portefeuille "Dividendes Croissants" (Dividend Growth)

La qualité plutôt que le rendement

Si vous ouvrez YouTube ou Instagram, c'est le sujet roi. Des centaines d'influenceurs vous promettent "l'indépendance financière" grâce aux dividendes.

Mais attention, il y a deux écoles. Ceux qui cherchent le "Haut Rendement" (High Yield) immédiat, souvent au prix d'entreprises en déclin, et ceux qui cherchent la "Qualité". C'est cette seconde voie que nous analysons ici.

1. Qu'est-ce que c'est ?

L'objectif n'est pas de trouver l'action qui verse 10 % de rendement aujourd'hui (souvent un piège car le cours de l'action s'effondre), mais de trouver les entreprises au bilan assez solide pour **augmenter** leur dividende chaque année, qu'il vente ou qu'il neige.

Pour ce test, nous avons utilisé le fonds **Vanguard Dividend Growth (VDIGX)**.

La philosophie est celle de la robustesse. On ne cherche pas la pépite technologique de demain, mais le champion qui a déjà prouvé sa rentabilité depuis des décennies.

2. Comment construire ce portefeuille ?

L'idée est de sélectionner la crème de la crème des entreprises matures.

- **États-Unis :**
  - **Vanguard Dividend Appreciation (VIG) :** C'est l'équivalent ETF de notre fonds de test. Il filtre les entreprises qui augmentent leurs dividendes depuis au moins 10 ans tout en éliminant celles qui sont trop endettées.
  - **ProShares S&P 500 Dividend Aristocrats (NOBL) :** La sélection encore plus stricte (25 ans de hausse consécutive).
- **Europe & Monde :**
  - **SPDR S&P Euro Dividend Aristocrats (SPYW) :** Pour l'Europe.
  - **Vanguard FTSE All-World High Dividend Yield (VHYL) :** Pour une exposition mondiale (attention, celui-ci inclut parfois du High Yield).

3. À l'épreuve du feu des krachs

Ce portefeuille est souvent vendu comme un bouclier. La réalité des chiffres montre que c'est un bouclier... qui peut se fissurer.

- **La Bulle Internet (2000-2002) : Le triomphe puis la chute.** Le contraste est saisissant au début de la crise.
  - **En 2000 :** Alors que le S&P 500 perdait **-9,73 %**, ce portefeuille gagnait **+18,77 %** ! C'était le triomphe de la vieille économie rentable sur les promesses du web.
  - **Le retour de bâton (2001-2002) :** L'euphorie n'a pas duré. Le portefeuille a fini par être emporté par la marée baissière, perdant **-19,45 %** en 2001 puis **-23,16 %** en 2002.

- ○ **Bilan :** Avec un Drawdown maximal de **-38,66 %**, il a fait mieux que le marché (-50 %), mais on ne peut pas dire que la protection ait été absolue.

- **La Crise Financière (2008) : Le coussin amortisseur.** Le dividende agit comme un coussin : quand le cours baisse, le rendement augmente mécaniquement, attirant les chasseurs d'aubaines.

  Résultat : Une chute maximale de **-38 %** (contre **-50,8 %** pour le S&P 500).

  Le bémol : Les banques sont historiquement de grosses payeuses de dividendes. Leur présence dans le portefeuille a donc pesé lourd lors de cette crise bancaire.

- **La Crise Inflationniste (2022) : Un autre coussin amortisseur**
  La stratégie dividende ne perdait que 16% en maximum drawdown contre les 24% du S&P500. Comme sur les autres crises, c'est beaucoup mieux que le marché global mais il subit quand même quelques fortes pertes.

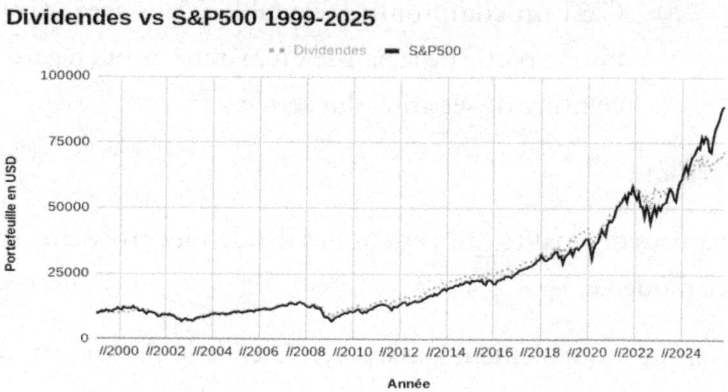

Figure 7 : Performance Dividendes vs S&P500

4. Performance depuis 30 ans

C'est l'un des "moins pires" des portefeuilles défensifs en période de hausse (Bull Run). Il ne vous rendra pas aussi riche que la Tech, mais il ne vous laissera pas sur le bord de la route.

- **Depuis 1999 :** Il génère un rendement annuel moyen de **7,61 %**. Il sous-performe légèrement le S&P 500 (de 0,84 %), mais avec moins de secousses.

  Attention : Ce chiffre de 7,61 % est brut. Dans la vraie vie, les dividendes sont fiscalisés chaque année (contrairement aux gains en capital non réalisés). La performance nette réelle est donc sans doute inférieure.

- **L'anomalie des 10 dernières années (2016-2025) :** Bien que distancé par l'euphorie du S&P 500 (+14,85 %), ce portefeuille a prouvé sa robustesse avec une belle performance de **11,20 % par an**. Si vous aviez investi **10 000 $** début 2016 :
  - Sur le S&P 500 : **39 462 $**.
  - Sur le Dividend Growth : **28 664 $**.
  - C'est un compromis acceptable. Vous avez capturé une bonne partie de la hausse du marché, tout en gardant une ceinture de sécurité plus serrée.

5. Le Verdict

Les entreprises de qualité qui versent des dividendes croissants sont une assurance modérée.

Elles ne seront probablement jamais premières de la classe (surtout face à la Tech), mais elles font toujours mieux en période de krach.

Au-delà d'amortir les chocs, elles offrent un avantage psychologique majeur : des revenus réguliers. Voir des dividendes tomber sur son compte permet souvent de patienter sans paniquer quand le marché est rouge.

Cependant, ne vous y trompez pas : Un drawdown de -38 % (comme en 2000 ou 2008) reste douloureux. Ce n'est pas un portefeuille blindé comme le "Permanent" ou le "All Weather", c'est un portefeuille actions un peu plus prudent que la moyenne.

14. Le Portefeuille "Secteurs Défensifs" (Le Bunker 100% Actions)

Investir dans ce dont les humains ne peuvent pas se passer

Nous terminons ce tour d'horizon par un portefeuille qui ressemble à un paradoxe. On vous a toujours dit : "Pour sécuriser, il faut des obligations". Ce portefeuille répond : "Non. Pour sécuriser, il faut posséder des entreprises indispensables". C'est un portefeuille **100 % Actions**, mais dénué de frivolité. Pas de start-ups, pas de luxe, pas de tourisme, pas de technologie. Juste la survie.

1. Qu'est-ce que c'est ?

La philosophie est celle du "Business Model Indestructible".

Quoi qu'il arrive à l'économie (récession, guerre, inflation), les humains auront toujours besoin de trois choses :

1. **Manger et se laver** (Secteur de la Consommation de Base / Consumer Staples).
2. **Se soigner** (Secteur de la Santé / Healthcare).
3. **S'éclairer et se chauffer** (Secteur des Services Publics / Utilities).

Quand le budget est serré, on annule les vacances, mais on continue d'acheter du dentifrice et de payer sa facture d'électricité. Ces entreprises ont ce qu'on appelle le "Pricing Power" : elles peuvent augmenter leurs prix pour suivre l'inflation sans perdre de clients.

2. Comment construire ce portefeuille ?

Pour notre test, nous avons utilisé une allocation équipondérée (1/3 chacun) sur ces trois piliers.

- **États-Unis :**
  - **33% Santé :** Health Care Select Sector SPDR (XLV).
  - **33% Consommation de Base :** Consumer Staples Select Sector SPDR (XLP).
  - **34% Services Publics :** Utilities Select Sector SPDR (XLU).
- **Europe & Monde :**
  - **Santé :** iShares MSCI World Health Care (IXJ).
  - **Consommation :** iShares MSCI World Consumer Staples (KXI).
  - **Utilities :** Xtrackers MSCI World Utilities (XDWU).

3. À l'épreuve du feu des krachs

C'est ici que ce portefeuille "100 % Actions" surprend. Il ne vous immunise pas contre la baisse, mais il l'amortit considérablement.

- **La Bulle Internet (2000-2002) : On s'accroche.** Alors que le S&P 500 entamait une chute libre de 3 ans pour finir à **-45 %**, ce portefeuille a "seulement perdu" **25,9 %**. Quand on pense qu'on a échappé à presque la moitié de la baisse tout en restant investi en actions, cela devient très intéressant. Les gens ont continué à s'alimenter même quand le Nasdaq s'effondrait.

- **La Crise Financière (2008) : L'amortisseur.** Le portefeuille a subi un drawdown de **-34 %**, contre **-50,8 %** pour le S&P 500. C'est 16 points de mieux que le marché mais cela reste très douloureux.

  Le point décisif : Comme la baisse était plus faible, ce portefeuille s'est rétabli en **2 ans**, au lieu de 3 ans pour le S&P 500. Être sorti du rouge un an avant les autres est un avantage psychologique majeur.

- **La Crise Inflationniste (2022) : Le refuge ultime.** C'est ici que la stratégie a brillé de mille feux. *Performance 2022 :* **-1,06 %** (quasi stable) contre **-18,11 %** pour le S&P 500. *Drawdown Max :* Au pire moment, la baisse n'a été que de **-10,82 %** (contre -24 % pour le marché). Pour être honnête, une baisse de 10 %, vous ne la voyez presque pas passer. Le "Pricing Power" a fonctionné à plein régime.

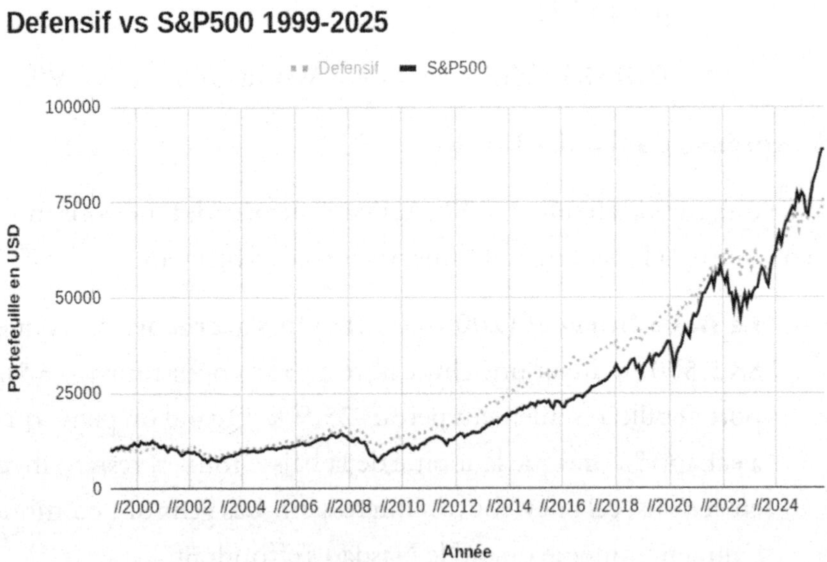

Figure 8 : Performance Defensif vs S&P500

4. Performance depuis 30 ans

C'est l'histoire de la tortue et du lièvre.

- **Depuis 1999 :** Le portefeuille affiche une performance de **+7,88 % par an**. C'est une sous-performance minime de **0,57 % par an** par rapport au S&P 500. C'est contre-intuitif : en investissant dans des entreprises "ennuyeuses" (dentifrice et électricité), vous obtenez un résultat très proche du marché global sur 25 ans, mais avec beaucoup moins de sueurs froides.

- **L'écart massif des 10 dernières années (2016-2025) :** C'est ici que la protection coûte cher.
    - **Secteurs Défensifs :** +9,68 % par an.
    - **S&P 500 :** +14,85 % par an.
    - L'écart est de **5 % par an** ! Le marché ne voulait pas de savon, il voulait des semi-conducteurs (Nvidia) et de l'IA. Vous avez protégé votre capital, certes, mais vous avez regardé la fête technologique par la fenêtre avec un sentiment de frustration.

5. Le Verdict

Ce portefeuille prouve que pour s'enrichir, il n'est pas nécessaire de chercher la prochaine "pépite technologique". Il suffit d'acheter ce dont le monde a besoin chaque jour.

C'est l'alternative idéale pour ceux qui sont **allergiques aux obligations** (car ils veulent posséder des parts d'entreprises réelles) mais qui sont **terrifiés par la volatilité**. Il a prouvé en 2022 qu'il était l'un des meilleurs boucliers contre l'inflation.

Attention au piège : Son talon d'Achille est l'euphorie. En période de "Bull Run" technologique, vous aurez l'impression de faire du surplace. Il faut un caractère solide pour accepter de gagner "seulement" 9 % quand les autres font 15 %.

15. Le Grand Comparatif : Trouver chaussure à son pied

Nous avons passé en revue 9 stratégies, 9 philosophies, 9 manières de voir le monde.

Il est probable que vous ayez la tête un peu pleine de chiffres, de pourcentages et de dates de krachs. C'est normal.

Pour vous aider à y voir clair et à prendre une décision, j'ai condensé l'essence de chaque portefeuille dans ce tableau de synthèse. C'est votre boussole.

L'objectif n'est pas de trouver le portefeuille "parfait" (il n'existe pas), mais de trouver celui dont les défauts sont acceptables pour **vous**.

Le Tableau de Synthèse

Portefeuille	Philosophie	Protège contre... (Le Bouclier)	Point Faible (La Faille)	Performance vs S&P 500 (Tendance Long Terme)	Pour qui ?
1. Value	Bonnes Affaires	**Bulles Spéculatives** (type an 2000)	"FOMO" (rater la Tech)	**Équivalente** (Mais cyclique). La tortue laisse le lièvre courir puis le rattrape.	Le **patient** qui veut acheter 1 $ pour 50 centimes et se moque de la performance des autres
2. All Weather	Équilibre Macro	**Krachs Boursiers & Déflation**	**Inflation + Hausse des Taux** (2022)	**Sous-performance** (Coût de l'assurance).	Le riche qui veut rester riche.
3. 60/40	Le Classique	**Volatilité normale**	Corrélation en période d'inflation (Tout baisse en même temps)	**Légère Sous-performance.**	L'investisseur passif qui se situe au milieu du troupeau.
4. 100% Oblig.	Le Bunker	**Déflation & Récession grave**	**Inflation** (Destruction silencieuse)	**Forte Sous-performance** (depuis 10 ans).	Le pessimiste ou la personne très âgée.
5. Permanent	La Forteresse	**Tout (sauf Inflation rapide)**	**Coût d' opportunité** (Gain faible)	**Sous-performance** (Le Cash freine mais protège).	Celui qui veut dormir sur ses deux oreilles.
6. 100% Or	Anti-Système	**Peur, Chaos & Dilution monétaire**	**Stagnation** (Peut dormir 10 ans)	**Aléatoire** (Bat le marché par cycles, puis rien).	Le "Doomer" qui n'a plus confiance dans la monnaie.
7. Barbell	Les Extrêmes	**Cygne Noir** (Crise majeure)	**Lente érosion** (Si rien ne se passe)	**Imprévisible** (Dépend de vos paris).	Le profil atypique (très prudent + très joueur).
8. Dividende	La Rente	**Panique psychologique** (Revenus)	**Hausse des Taux** & Retard Tech	**Légère Sous-performance** (mais avec Cash Flow).	Le retraité qui a besoin de revenus sans vendre.
9. Secteurs Déf.	Besoins Vitaux	**Récession économique**	**Euphorie** (Bull Run)	**Talonner le marché** (Très proche sur 30 ans).	L'allergique aux obligations qui veut 100% d'actions.

🎯 Verdict : Quel portefeuille est fait pour vous ?

Maintenant que vous avez les cartes en main, il faut trancher.

Il n'y a pas de "meilleur" choix dans l'absolu. Il n'y a que le choix que vous serez capable de tenir dans 10 ans, quand tout ira mal. Voici un guide de décision selon votre profil :

Cas n°1 : Vous êtes jeune (phase d'accumulation) et vous avez le temps

- *Votre ennemi :* L'inflation qui grignote votre épargne sur 30 ans.
- *Votre allié :* Le temps. Vous pouvez vous permettre de subir une baisse temporaire pour gagner plus à la fin.
- *Le choix rationnel :* **Secteurs Défensifs (9)** ou **Value (1)**.
- *Pourquoi ?* Ce sont des portefeuilles 100 % actions. Ils captureront la croissance mondiale. Ne gâchez pas votre rendement avec trop d'obligations ou d'or si vous n'en avez pas besoin.

Cas n°2 : Vous êtes proche de la retraite (phase de préservation)

- *Votre ennemi :* Un krach majeur juste avant votre départ (le risque de "séquence des rendements"). Si la bourse perd 50 % la veille de votre retraite, vos projets s'effondrent.
- *Votre allié :* La stabilité.
- *Le choix rationnel :* **All Weather (2)** ou **Portefeuille Permanent (5)**.
- *Pourquoi ?* Vous sacrifiez sciemment une partie de la performance (vous gagnerez moins que le voisin) pour obtenir la garantie que votre capital sera là le jour J. C'est le prix de la sérénité.

Cas n°3 : Vous avez besoin de revenus complémentaires

- *Le choix évident :* **Portefeuille Dividendes (8)**.
- *Pourquoi ?* Psychologiquement, c'est le seul qui vous permet de payer vos factures sans avoir à "vendre" vos actions. Attention cependant à ne pas chasser les rendements trop élevés (piège), restez sur la qualité.

Cas n°4 : Vous êtes persuadé que le monde court à sa perte (Inflation, Guerres, Faillites)

- *Le choix de conviction :* Le **100% Or (6)** (ou une forte pondération en or dans un portefeuille diversifié) ou le **Barbell (7)**.
- *Pourquoi ?* Ce sont les seules stratégies qui profitent réellement du chaos. Mais attention : si le monde ne s'effondre pas, vous risquez de vous ennuyer ferme (et de vous appauvrir) pendant que les optimistes s'enrichissent.

16. Passez à l'action : l'Audit de votre portefeuille

Ne tournez pas la page tout de suite. Nous venons de passer en revue les architectures les plus résilientes de l'histoire financière et de dresser notre grand comparatif. Mon but ici n'est absolument pas de vous influencer vers tel ou tel portefeuille. En finance, le "meilleur portefeuille du monde" n'existe pas dans l'absolu : il n'y a que le portefeuille qui est parfaitement aligné avec votre vision, vos circonstances personnelles et votre psychologie.

Avant de passer aux stratégies de protection active, je vous demande de poser ce livre quelques minutes, de prendre un stylo, et de répondre à ces 5 questions. Soyez brutalement honnête avec vous-même. Il n'y a aucune mauvaise réponse, il n'y a que des réalités qu'il faut regarder en face pour se préparer au krach qui vient :

1. **La psychologie :** Comment ai-je concrètement réagi lors des dernières corrections du marché ou Krachs (le krach du Covid en 2020 ou la baisse de 2022) ? Ai-je gardé mon calme, ou ai-je tout vendu sous le coup de la panique ? Pouvoir dormir la nuit est l'objectif numéro 1 d'un investisseur.

2. **La capacité financière :** Quel montant exact (en euros, et non en pourcentages) puis-je voir s'évaporer temporairement de mon compte sans en perdre le sommeil ? Surtout, puis-je me permettre de ne pas toucher à ce capital pendant 3 à 4 ans en attendant que le marché se redresse ?

3. **L'architecture idéale :** Après avoir étudié les crash-tests et le verdict de cette partie, de quelle philosophie d'investissement mon tempérament se rapproche-t-il le plus en toute objectivité ?

4. **Le constat actuel :** Mon compte-titres, mon assurance-vie ou mon PEA actuel est-il vraiment en adéquation avec ce profil de risque, ou penche-t-il dangereusement d'un côté (par exemple, 90 % d'actions sans aucun rempart) ?

5. **Le plan de bataille :** Quelles opérations précises vais-je exécuter dans les prochains mois pour rééquilibrer mon portefeuille et l'aligner avec ma véritable tolérance au risque ?

Faites cet état des lieux aujourd'hui, à froid. C'est la fondation indispensable de votre survie financière.

Conclusion de la Partie II : Mon choix personnel et l'ennemi invisible

Nous venons de passer en revue plusieurs architectures de portefeuilles, de la plus défensive à la plus agressive. Gardez bien à l'esprit que ces modèles n'ont pas pour but d'être absolument parfaits ou d'être recopiés aveuglément à la virgule près. Leur véritable objectif est de vous montrer ce qui existe, de démystifier l'allocation d'actifs et, surtout, de vous servir d'inspiration pour construire la forteresse qui correspond à *votre* psychologie.

Puisque nous parlons de psychologie, vous vous demandez peut-être : « *Et vous, David, quel est votre choix ?* »

Pour comprendre mon allocation, il faut comprendre ma vision du risque. Pour beaucoup d'investisseurs, le risque absolu, c'est le krach boursier. Pour moi, le plus grand danger qui pèse sur notre avenir financier est beaucoup plus sournois : **c'est l'inflation.**

Regardons la réalité macro-économique en face. Les dettes des États occidentaux ont atteint des sommets historiques, stratosphériques, et elles continuent de grimper. Mathématiquement, ces montagnes de dettes ne pourront jamais être remboursées de manière classique. Dans une démocratie, il n'y a finalement qu'une seule façon indolore de gérer une dette devenue incontrôlable. Ce n'est pas de faire officiellement défaut sur ses obligations (seules la Grèce ou l'Argentine osent franchir cette ligne rouge qui détruit la crédibilité d'un pays). Non, la méthode employée par les gouvernements est beaucoup plus subtile : **laisser filer l'inflation.**

L'inflation est un impôt invisible qui ruine les épargnants en liquidités ou en obligations, mais qui allège magiquement le fardeau de la dette des États.

C'est pourquoi mon approche personnelle est résolument offensive. J'ai la chance d'avoir du temps devant moi (je me sens encore jeune !) et je sais que je peux psychologiquement et financièrement encaisser les deux ou trois grands krachs qui surviendront inévitablement dans les décennies à venir.

Par conséquent, je reste positionné sur un portefeuille à **100 % actions** (ou presque), car ce sont les entreprises de qualité qui possèdent le meilleur pouvoir de protection contre l'inflation en augmentant leurs prix. Pour épicer un peu le tout, j'y ajoute une pincée de valeurs technologiques (pour le potentiel de croissance exponentielle, même si nous ne l'avons pas détaillé dans les portefeuilles classiques) et peut-être un peu d'or pour jouer le rôle de monnaie ultime quand le système vacille.

Comment survivre sans gilet de sauvetage ?

Mais cette posture soulève une question évidente.

Si je suis investi à 100 % en actions, sans le matelas protecteur des obligations ou d'un portefeuille "All Weather"... que se passe-t-il le jour où mon Krach-O-Mètre vire au rouge écarlate ? Vais-je simplement regarder mon patrimoine s'effondrer de 40 % en serrant les dents ?

Absolument pas.

L'architecture d'un portefeuille est une formidable première ligne de défense, statique et passive. Mais quand le radar annonce un ouragan de catégorie 5, l'investisseur serein ne reste pas passif. Il passe en mode "protection active".

Il est temps de sortir du bunker et d'apprendre à manipuler les outils de couverture. Des ETF intelligents aux stratégies d'options asymétriques, nous allons voir comment immuniser un portefeuille agressif contre la fin du monde.

Préparez-vous : nous entrons dans la **Partie 3 : L'Arsenal Anti-Krach (Les Outils de Protection Active).**

.

PARTIE III :

L'ARSENAL ANTI-KRACH : LES OUTILS DE PROTECTION ACTIVE

Dans la partie précédente, nous avons coulé les fondations. Vous savez désormais comment construire un portefeuille robuste, diversifié, personnalisé et structurellement pensé pour encaisser les chocs économiques. Vous avez bâti un navire solide, capable de traverser la plupart des intempéries sans sombrer.

C'est une étape indispensable. Mais soyons honnêtes : quand la tempête du siècle s'annonce, quand les sirènes d'alarme hurlent et que le marché s'apprête à dévisser de 30 %, 40 % ou 50 %... avoir une bonne coque ne suffit plus pour dormir sur ses deux oreilles. On veut des canots de sauvetage, des portes étanches et un radar de pointe. On veut pouvoir agir.

C'est tout l'objectif de cette Troisième Partie.

Maintenant que votre architecture de base est en place, nous allons nous atteler aux outils de protection active. L'industrie financière regorge d'instruments conçus pour parier à la baisse, figer des pertes ou sanctuariser du capital. Mais attention, le monde de l'assurance financière est une jungle où les pièges mortels côtoient les miracles mathématiques.

Pour être totalement exhaustif et ne rien vous cacher, j'ai listé et analysé une douzaine d'outils anti-krach. Nous allons tout passer au crible :

- Les fausses bonnes idées et les "mirages de la gratuité" qui ruinent les investisseurs débutants.

- Les produits financiers "clés en main" (parfaits pour déléguer sans trop d'efforts).

- Et enfin, les armes de précision ultimes utilisées par les professionnels, les *hedge funds* et les milliardaires de Wall Street pour transformer les krachs en opportunités de gains colossales.

À la fin de cette partie, vous saurez exactement quel outil correspond à votre psychologie, à votre capital et à votre niveau d'expertise. Vous ne subirez plus jamais un marché baissier : vous l'attendrez de pied ferme, protégé par le bouclier que vous aurez vous-même choisi.

Préparez-vous, nous entrons dans l'armurerie. Voici le catalogue complet de votre arsenal défensif.

17. Les ETF Inversés : Parier à la baisse sans diplôme d'ingénieur

Si les options vous font peur (pour l'instant) et que la vente à découvert vous semble trop risquée (une très sage décision), il existe un "Bouton Facile".

Wall Street a inventé un outil magique qui permet de parier à la baisse aussi simplement qu'on achète une action Apple : **l'ETF Inversé**.

Le Concept : Le Miroir du Marché

Imaginez un miroir. Quand vous levez la main droite, votre reflet lève la main gauche. L'ETF Inversé fait exactement cela.

- Si le S&P 500 baisse de -1%, votre ETF monte de +1%.
- Si le S&P 500 monte de +2%, votre ETF baisse de -2%.

C'est simple, c'est liquide, et vous pouvez l'acheter depuis n'importe quel compte-titres classique. Pas besoin d'autorisation spéciale ni de compte sur marge.

- **Les Tickers à connaître :**
    - **SH :** Pour parier contre le S&P 500.
    - **PSQ :** Pour parier contre le Nasdaq (Tech).
    - **DOG :** Pour parier contre le Dow Jones.

Cependant, comme tout ce qui paraît trop beau en finance, il y a un piège redoutable. Si vous achetez ce produit en pensant le garder plusieurs mois ou années pour vous protéger en attendant le krach, vous allez vous battre contre **deux forces extrêmement puissantes** qui finiront par broyer votre capital.

Force n°1 : La tendance naturelle du marché (La Gravité Inversée)

La première force est historique : sur le long terme, malgré les krachs, les guerres et les pandémies, les marchés boursiers montent. L'économie croît, les entreprises innovent et génèrent des profits. Parier contre le marché sur une longue période, c'est comme nager à contre-courant dans un fleuve puissant. Statistiquement, c'est un suicide financier. La tendance de fond finira toujours par vous rattraper.

Force n°2 : Le Piège Mathématique du "Beta Slippage"

La deuxième force est plus insidieuse, car elle est purement mathématique. Ces ETF sont remis à zéro *chaque soir* (Daily Rebalancing). Dans un marché volatil qui fait le yoyo (des hausses et des baisses successives), l'effet cumulé joue contre vous.

Regardons un exemple simple sur 2 jours :

1. **Jour 1 :** Le marché part de 100 et chute de **-10%**. Il tombe à 90. Votre ETF Inversé gagne **+10%**. Si vous aviez investi 100 €, vous avez maintenant **110 €**. Tout va bien.

2. **Jour 2 :** Le marché rebondit de **+11,1%** pour revenir exactement à son point de départ (100).
Votre ETF Inversé doit donc baisser de **-11,1%** (l'effet miroir).
Calcul : 110 € - 11,1% = **97,79 €**.

Le Résultat :

- Le Marché est revenu à son point de départ (100 -> 100). Il n'a rien gagné ni perdu.
- Votre ETF Inversé, lui, est passé de 100 € à 97,79 €. **Vous avez perdu plus de 2% alors que le marché n'a globalement rien fait.**

Ce phénomène s'appelle le **Beta Slippage** (ou l'érosion liée à la volatilité). C'est pour cela que sur le long terme, le graphique d'un ETF inversé ressemble à une piste de ski noire : il tend inexorablement vers zéro. L'outil s'autodétruit avec le temps.

Illustration avec des exemples historiques :

En 2011 et 2015 le S&P500 a été plus ou moins stable, donc logiquement le Short aurait dû être stable voir gagner avec les petites baisses de 2011 et 2015. Et bien non, et le slippage à eu un impact de 5 à 8% sur ces deux années. Cela montre à quel point acheter ce type d'ETF pour le long terme est destructeur de valeur.

Performance	2011	2015
S&P 500	-1,22%	-0,76%
Short (SH)	-6,93%	-4,31%
Impact du slippage	-8,15%	-5,07%

Le Verdict : Réservez ça aux Rois du Timing

Soyons très clairs : l'ETF Inversé n'est pas un investissement. C'est un outil de trading tactique à très court terme.

Vous ne devez l'utiliser que pour un "coup" de quelques jours, ou quelques semaines maximum. De plus, le ratio risque/bénéfice est médiocre : au mieux, si le marché perd 20%, vous gagnez 20%. C'est linéaire, contrairement aux options qui peuvent faire exploser vos gains pour couvrir vos pertes.

Pour gagner de l'argent avec un ETF inversé, il ne suffit pas d'avoir raison sur la direction du marché, **il faut avoir un timing absolument parfait**. Si vous entrez trop tôt et que le marché fait du surplace pendant trois mois avant de chuter, l'érosion aura déjà mangé tous vos profits potentiels.

C'est pourquoi **je ne recommande pas cet outil**, mis à part aux visionnaires et autres rois du timing capables de lire l'avenir à la semaine près. Pour nous, mortels, dont l'objectif est de protéger notre épargne sereinement, il y a de bien meilleures solutions dans les chapitres qui suivent.

18. Les Managed Futures : Le Robot qui Surfe sur le Chaos (Quand il ne se noie pas)

Pendant des décennies, cette stratégie était la chasse gardée des grands Hedge Funds. Imaginez le tableau : des armées de docteurs en mathématiques (les fameux *Quants*) facturant des frais exorbitants pour programmer des supercalculateurs censés prévoir les marchés... tout cela pour réaliser des performances qui, la plupart du temps, peinent à battre un chimpanzé jouant aux fléchettes sur les pages financières du *Wall Street Journal*.

Aujourd'hui, Wall Street a mis ces algorithmes dans des ETF (comme le DBMF ou le KMLM) pour les vendre au grand public.

Pour être précis, voici ce que cachent les deux "stars" de ce secteur que vous croiserez souvent si vous vous y intéressez :

- **Le DBMF (iMGP DBi Managed Futures Strategy) : Le "Cloneur".** Son algorithme ne cherche pas à inventer la poudre. Il analyse mathématiquement et "clone" la stratégie moyenne des 20 plus grands *Hedge Funds* (les CTAs) de la planète. L'avantage est colossal : vous répliquez le portefeuille des milliardaires, mais sans payer leurs frais exorbitants (les fameux "2 % de frais fixes et 20 % sur la performance"). Le concept paraît génial, on délègue aux plus grands hedgs funds de la planète pour des frais de seulement 0.85% par an!

- **Le KMLM (KFA Mount Lucas Index Strategy) : Le "Puriste".** Cet ETF applique une stratégie mécanique 100 % transparente et historique. Il surfe de manière systématique sur les grandes tendances des matières premières, des devises et des obligations mondiales, sans essayer de copier les autres fonds. C'est l'outil quantitatif pur et dur.

Le Concept : Le Surfeur sans Émotion

La stratégie des *Managed Futures* (aussi appelée *Trend Following* ou suivi de tendance) repose sur un principe simple : l'algorithme n'a aucune opinion.

- Il se fiche de l'inflation, de la géopolitique ou des discours de la Fed.
- Il analyse uniquement les courbes de prix sur des dizaines d'actifs (actions, obligations, pétrole, or, devises).
- S'il détecte une tendance haussière, il achète (Long). S'il détecte une tendance baissière, il vend à découvert (Short).

En théorie, c'est génial. Lors d'un krach, si les actions s'effondrent et que le pétrole chute, l'algorithme se met automatiquement "Short" sur ces actifs et gagne de l'argent pendant que tout le monde panique.

La Réalité : Une Sous-Performance Chronique

Dans ma première version de cette analyse, j'aurais pu vous vendre du rêve en vous parlant uniquement de l'année 2022. Et pour cause : en 2022, alors que le S&P 500 perdait 18% et les obligations 16%, les ETF de *Managed Futures* ont eu des performances magnifiques. Ils ont sauvé la mise en "shortant" les obligations. Un triomphe.

Mais si l'on prend un peu de recul, le tableau est beaucoup moins glorieux. Depuis leur création et sur la majeure partie de la dernière décennie, ces fonds ont affiché des performances médiocres, voire des pertes régulières. Voici un tableau comparatif. Les hedgs funds ont une performance catastrophique et pas fait beaucoup mieux pendant la crise Covid. Quant au KMLM sa performance cumulée est négative depuis sa création il y a plus de 5 ans.

Performance	**Depuis 2019**	**Crise Covid**	**Crise 2022**	**2021-2026**
S&P 500	151%	-31%	-18%	82%
DMMF (Hedge F)	24%	-7%	24%	17%
KMLM (Mécanique)	1%	/	39%	-5%

Pourquoi cette contre-performance ? L'algorithme a un talon d'Achille fatal : le marché sans direction (le *Range* ou marché "haché").

Le robot a besoin de tendances longues et claires pour gagner. Or, le marché passe souvent son temps à faire des faux départs. Le marché monte un peu ? L'algo achète. Le lendemain, le marché rechute brutalement ? L'algo vend à perte et se met "Short". Le surlendemain, le marché remonte ? L'algo rachète à perte.

C'est ce qu'on appelle l'effet "Lessiveuse" (*Whipsaw*). Le robot se fait essorer et votre capital se vide à petit feu en frais de transaction et en faux signaux.

Quant aux hedgs funds ils sont là pour protéger votre portefeuille, et beaucoup moins pour le faire grandir. On peut dire qu'ils réussissent parfaitement bien! Le problème c'est que sur 5 ans ils sous-performent l'inflation. Donc en réalité votre capital est mangé par l'inflation.

Le Véritable But : Une Assurance "Loterie"

Il ne faut surtout pas voir les *Managed Futures* comme un investissement de bon père de famille destiné à faire croître votre capital sur le long terme. Si vous faites cela, la sous-performance vous rendra fou.

Il faut les voir pour ce qu'ils sont : **une police d'assurance.** Vous acceptez de payer une "prime" (la sous-performance et les petites pertes pendant les années calmes) dans l'espoir que l'algorithme vous rembourse vos pertes le jour où la maison brûle (le grand krach).

Cependant, à la différence d'une vraie assurance habitation, **c'est une loterie**. Vous n'avez aucune garantie sur le montant du remboursement.

Si le krach est lent et directionnel (comme en 2008 ou 2022), l'algorithme aura le temps de repérer la tendance et vous gagnerez beaucoup. Mais si le krach est un "Flash Crash" ultra-violent et imprévisible qui dure trois jours (comme en mars 2020 ou le libération day de 2025), l'algorithme n'aura pas le temps de réagir. Il baissera en même temps que votre portefeuille, et votre "assurance" refusera de payer.

Le Verdict

Les *Managed Futures* sont un potentiel outil de diversification intéressant pour les gros portefeuilles qui cherchent à se dé-corréler à tout prix des actions et des obligations (y allouer 5% à 10% maximum).

Mais pour l'investisseur particulier, confier la protection de son patrimoine à une "boîte noire" algorithmique dont on ne comprend pas les calculs demande une foi aveugle que je n'ai pas.

Puisque déléguer la protection de notre argent à un robot n'est pas la solution miracle, une idée naturelle nous vient alors à l'esprit : pourquoi ne pas simplement confier cette tâche ultra-complexe à des humains ? Des experts de la couverture financière dont l'unique métier serait de construire un bouclier anti-krach autour de notre portefeuille ? C'est précisément la promesse très séduisante des fonds spécialisés dans les risques extrêmes. Mais comme nous allons le voir dans le chapitre suivant, le fantasme de la délégation a un prix souvent inabordable.

19. Le Fantasme de la Délégation : Les Fonds de "Tail Risk" (Risque Extrême)

Si les *Managed Futures* (vus au chapitre précédent) utilisent des algorithmes pour surfer sur les tendances, il existe une autre catégorie de fonds beaucoup plus directs : les fonds de couverture des risques extrêmes, ou **Tail Risk Funds**.

Leur promesse est exactement celle que vous recherchez en lisant ce livre : confier votre argent à des professionnels dont l'unique travail est de construire un bouclier anti-krach autour de votre patrimoine. Ils s'occupent d'acheter les Options de vente (Puts), de gérer le VIX (indice de la peur), de calibrer les échéances... Vous n'avez plus qu'à dormir sur vos deux oreilles.

Le concept est séduisant. Mais la réalité financière de la délégation est beaucoup plus cruelle.

1. Le monde inaccessible des Hedge Funds (Les Pros)

La crème de la crème de la protection est gérée par des *Hedge Funds* privés. L'exemple le plus célèbre est *Universa Investments*, le fonds de Mark Spitznagel (dont nous parlerons plus loin en détail). Ces fonds font un travail exceptionnel pour protéger les portefeuilles lors des cygnes noirs.

Le problème ? Vous n'y avez pas accès. Ces fonds sont réservés aux investisseurs dits "qualifiés" ou institutionnels. Le ticket d'entrée se compte souvent en dizaines de millions de dollars.

De plus, leur structure de frais est écrasante : le fameux modèle "2/20". Le gérant vous facture **2 % de frais fixes par an** sur la somme investie (quoi qu'il arrive), plus **20 % de commission sur les profits** générés lors du krach. L'assurance coûte extrêmement cher.

2. L'alternative grand public : Les ETF "Tail Risk" (L'exemple du fonds TAIL)

Pour démocratiser cette approche, l'industrie financière a créé des ETF accessibles au grand public. Le plus connu au monde est le **Cambria Tail Risk ETF (Symbole : TAIL)** coté aux États-Unis.

Que fait ce fonds ? Il investit environ 90 % de son argent dans des bons du Trésor américain très sûrs, et utilise les 10 % restants pour acheter systématiquement des options de vente (Puts OTM) sur le S&P 500. Cela ne vous rappelle rien ? Oui oui la stratégie Barbell de Monsieur Taleb.

Analysons ses performances réelles, car elles illustrent parfaitement les limites de la délégation :

- **Le Miracle (2020) :** Si vous aviez acheté ce fonds le 1er janvier 2020, vous auriez encaissé une hausse fulgurante de **30 % à 40 %** en mars pendant le krach du Covid. Les 10 % de Puts ont joué leur rôle de parachute doré à la perfection et les 90% de bons de trésorerie ont bénéficié de la ruée vers les actifs de sécurité (ie les bons du trésor). Le scénario parfait.
- **Le Piège de l'Inflation (2022) :** C'est ici que la mécanique s'enraye. En 2022, le marché des actions a chuté, mais l'inflation a aussi provoqué un krach historique sur les obligations (comme nous l'avons vu dans la Partie 2). Résultat ? Les 10 % de Puts ont généré des gains, mais les 90 % de bons du Trésor du fonds se sont

effondrés. Le fonds TAIL a été pris dans le tourbillon et a même baissé d'environ 15% cette année-là.

- **L'Hémorragie lente :** En dehors de ces crises, le comportement du fonds est mathématiquement prévisible. Pendant les marchés haussiers, le fonds rachète des assurances qui expirent à zéro. Depuis sa création en 2017 il perd en moyenne 8-9% par an.

Le Verdict sur la Délégation : Pourquoi le faire soi-même ?

Confier sa protection à un fonds spécialisé est le "Bouton Facile", mais c'est une illusion financière pour l'investisseur particulier.

1. Vous payez des frais de gestion (souvent entre 0,60 % et 1,5 % par an selon les fonds européens équivalents) pour une structure qui saigne à blanc votre capital 80 % du temps.

2. Vous êtes prisonnier de l'allocation du gérant (comme les 90 % d'obligations du TAIL qui vous ont crucifié en 2022).

3. Les meilleurs produits mondiaux vous sont souvent bloqués par la réglementation européenne (MIFID II).

La conclusion est brutale, mais libératrice : Cet outil peut fonctionner mais uniquement dans les crashs non inflationnistes. L'inflation est un nouveau risque par rapport aux dernières décennies. Donc si vous souhaitez vous prémunir de crashs rapides (type Covid ou Liberation Day) cet outil peut être efficace.

En tous les cas, avec les connaissances acquises dans ce livre, personne ne gérera la protection de votre argent mieux et pour moins cher que vous-même. Il existe des alternatives beaucoup moins chères et, surtout, beaucoup plus efficaces pour vous assurer avec précision.

Cependant, avant de vous dévoiler ces outils (comme les ETF Buffer ou les Options), nous devons absolument tordre le cou à un mécanisme qui fascine : celui de la vente à découvert.

20. La Vente à Découvert (Short Selling) : Jouer à la roulette russe avec son patrimoine

La vente à découvert fait fantasmer certains. C'est l'arme secrète de Wall Street? Je l'inclus dans ce livre par souci d'exhaustivité, car c'est un outil de couverture historique. Mais vous allez vite comprendre pourquoi je suis extrêmement sceptique face à cette pratique, et pourquoi je vous la déconseille très fortement.

S'il y a bien une pratique qui va à l'encontre absolue de la philosophie de ce livre, c'est celle-ci. L'objectif de notre démarche "Anti-Krach" est de construire un bunker pour protéger votre épargne et de vous faire dormir sur vos deux oreilles.

La Vente à Découvert, c'est l'exact opposé : c'est conduire à contresens sur l'autoroute en espérant être assez agile pour éviter tous les camions.

Je l'inclus ici car beaucoup de débutants, voyant le marché s'effondrer, se demandent comment faire comme les grands Hedge Funds pour s'enrichir sur le dos des entreprises en faillite. Mais avant de jouer avec ce feu, vous devez comprendre sa mécanique.

Le Mécanisme : Vendre ce qui ne vous appartient pas

Dans la vie réelle, vous ne pouvez pas vendre la voiture de votre voisin. En Bourse, si. Le mécanisme de la vente à découvert est à la fois brillant et diabolique :

1. **L'Emprunt :** Vous "empruntez" 10 actions Apple à votre courtier (qui les prend sur le compte d'un autre client).
2. **La Vente :** Vous vendez immédiatement ces 10 actions sur le marché, par exemple à 100$ l'unité. Vous encaissez 2 000$ de cash dans votre compte.
3. **L'Espérance :** Vous priez pour que l'action s'effondre.
4. **Le Rachat (*Buy to Cover*) :** Si l'action tombe à 50$, vous rachetez 10 actions sur le marché pour 1 000$.
5. **Le Remboursement :** Vous rendez les 10 actions à votre courtier.

Votre Bilan : Vous aviez encaissé 2 000$, vous avez dépensé 1,000$ pour rendre les actions. Vous avez empoché 1,000$ de bénéfice net (moins les frais d'emprunt). Vous avez gagné de l'argent sur une baisse et ceci sans rien débourser si ce n'est les intérêts de l'emprunt.

Jusque-là, tout semble magique. Alors, où est le piège mortel ?

Le Danger Absolu : Les Pertes Infinies

C'est ici que l'asymétrie du marché se retourne contre vous.

Quand vous *achetez* une action à 200$ (position longue classique), quel est le pire scénario ? L'entreprise fait faillite, l'action tombe à zéro. Vous avez perdu 200$. Votre risque est **limité** à votre mise de départ.

Mais quand vous *vendez à découvert* une action à 200 $, le calcul est atrocement différent :

- **Gain maximum :** L'action tombe à zéro. Vous gagnez 200 $. (Votre gain est plafonné).

- **Perte maximum :** L'action monte. Elle passe à 400 $? Vous perdez 200$. Elle passe à 600 $? Vous perdez 400$. Elle passe à 2 000 $? Vous perdez 1 800$.

Il n'y a **aucune limite mathématique** à la hausse d'une action. Ce qui veut dire qu'en vendant à découvert, **votre perte potentielle est infinie.** Vous pouvez perdre bien plus que l'argent présent sur votre compte en banque, être ruiné et devoir rembourser votre courtier pendant le reste de vos jours.

Le Piège du Timing : Avoir raison trop tôt, c'est avoir tort

Même si vous êtes un génie de l'analyse financière et que vous avez débusqué une entreprise frauduleuse, la vente à découvert peut vous détruire. Pourquoi ? Parce que le marché s'en moque. Il peut rester irrationnel et aveugle pendant des années.

Prenez deux des plus grands scandales financiers de l'histoire moderne :

- **L'affaire Bernie Madoff :** Les premiers soupçons et les premières enquêtes de la SEC (le gendarme de la bourse américaine) sur le système de Madoff sont apparus dès **1992**... soit **16 ans** avant l'effondrement de son fonds pyramidal en 2008 ! Si vous aviez shorté un système similaire trop tôt, les frais d'emprunt (qui courent chaque jour) et les appels de marge vous auraient mis sur la paille une décennie avant que la justice ne vous donne enfin raison.

- **Le scandale Wirecard :** C'est le cas d'école absolu. Comme je l'évoque dans mon livre sur les Options, des investisseurs ont commencé à soulever de graves anomalies comptables sur cette pépite technologique allemande dès **2008**. À partir de **2015**, le prestigieux *Financial Times* a publié une série d'articles extrêmement documentés démontrant la fraude par A+B. Quelle a été la réaction du marché ? Il a ignoré les preuves. Pire, le cours de l'action a explosé ! Portée par l'aveuglement des investisseurs et le protectionnisme des régulateurs allemands, Wirecard est devenue l'une des plus grandes capitalisations d'Allemagne, intégrant même le cercle très fermé du DAX 30 (l'équivalent du CAC 40 ou du TSX60 canadien). La société n'a fini par faire faillite qu'en **2020**. Pendant plus de 10 ans, le cours est monté. Des fonds qui avaient vendu l'action à découvert en 2015 avec d'excellents arguments ont perdu des fortunes, ruinés par un marché irrationnel, avant que la fraude n'éclate enfin au grand jour.

Le timing doit être absolument chirurgical. Et en Bourse, personne n'a un timing chirurgical.

Le Coup de Grâce : Le Short Squeeze de GameStop

Si vous aviez encore des doutes, l'affaire GameStop de 2021 devrait vous guérir à tout jamais de l'envie de shorter une action.

Des Hedge Funds professionnels avaient vendu massivement à découvert l'action GameStop. Fondamentalement, ils n'avaient pas tort ! L'entreprise vendait des jeux vidéo sur CD dans des magasins physiques à l'ère du téléchargement numérique. L'entreprise était mourante, et le prix de son action était complètement déconnecté de la réalité économique.

Pourtant, une armée de petits investisseurs sur le forum Reddit s'est liguée pour acheter l'action en masse. Le prix a été propulsé de 20$ à près de 480$ en quelques jours. Face à cette hausse délirante et un risque de perte devenu "infini", les courtiers ont exigé des milliards de dollars de couverture aux Hedge Funds (les fameux *appels de marge*). Ces fonds ont été obligés de racheter l'action à n'importe quel prix pour stopper l'hémorragie, ce qui a fait monter le cours encore plus haut.

Des fonds d'investissement milliardaires ont littéralement disparu en quelques jours. Ils avaient raison sur la faillite inévitable de l'entreprise, mais ils sont morts avant de pouvoir le prouver.

Le Verdict

La vente à découvert est un outil d'une violence inouïe. Je ne la recommande sous aucun prétexte pour un investisseur particulier. Accepter un risque infini de ruine (comme l'a prouvé l'affaire GameStop) pour tenter de gagner quelques pourcents à la baisse est un non-sens absolu en matière de gestion de patrimoine.

Mais alors, si parier directement contre le prix d'une action est une mission suicidaire, existe-t-il un moyen de parier sur la panique elle-même, sans s'exposer à des pertes illimitées ? C'est la question légitime que se posent beaucoup d'investisseurs. Et c'est précisément ce qui nous amène, dans le chapitre suivant, à explorer l'indicateur le plus fascinant (et le plus mal compris) de Wall Street : **Le VIX, le fameux "Indice de la Peur".**

21. Le VIX (L'Indice de la Peur) : Parier sur la fin du monde

Si la vente à découvert est une roulette russe, le **VIX** est souvent perçu par le grand public comme le ticket de loto ultime des krachs boursiers.

Chaque fois que les marchés s'effondrent, les journaux télévisés affichent la courbe vertigineuse de cet indicateur en l'appelant **"L'Indice de la Peur"**. Et logiquement, beaucoup d'investisseurs se disent : *"Puisque cet indice explose quand mon portefeuille s'effondre, il me suffit d'en acheter pour me couvrir !"*

L'idée est excellente en théorie. En pratique, c'est l'un des instruments les plus complexes et frustrants de Wall Street.

Le Concept : Le Thermomètre de la Panique

Le VIX (Volatility Index) n'est pas une action, ni une entreprise. C'est un calcul mathématique créé par la Bourse de Chicago (CBOE) qui mesure **la volatilité attendue du S&P 500 sur les 30 prochains jours**.

Pour faire simple, il mesure la nervosité des investisseurs.

- Quand le ciel est bleu et que le marché monte doucement, les investisseurs sont sereins : le VIX dort (généralement entre 12 et 15).
- Quand un événement inattendu frappe (guerre, pandémie, faillite bancaire), la panique s'installe. Les investisseurs se ruent pour acheter des protections, et le VIX explose à la hausse.

Quelques statistiques historiques : L'effet "Élastique"

Contrairement à une action qui peut monter à l'infini (comme Apple ou Amazon), le VIX a une force de gravité incontournable : il revient toujours à sa moyenne (*Mean Reversion*).

- Sa moyenne historique tourne autour de **15 à 18**.
- Lors de la crise des Subprimes en 2008, il a touché **80**.
- Lors du flash krach du Covid en mars 2020, il a culminé à **85**.

Le mécanisme pour gagner semble donc évident : il faut acheter le VIX quand il est bas (autour de 12), attendre le krach pour qu'il monte à 50 ou 80, et le revendre pour encaisser un profit colossal qui compensera les pertes de votre portefeuille actions.

Mais comment "achète"-t-on un calcul mathématique ? C'est là que le cauchemar commence.

La Fausse Bonne Idée : Les ETF sur le VIX (VXX, UVXY)

Puisque le grand public adore la simplicité, l'industrie financière a créé des ETF censés répliquer le VIX (comme le VXX). Vous pouvez les acheter d'un simple clic.

Sauf que **ces ETF ne traquent pas exactement le vrai VIX** (le *Spot*). Ils achètent des contrats à terme (Futures) sur le VIX. Et cela crée un phénomène mathématique destructeur que l'on appelle le **Contango**.

L'effet Contango (Le Glaçon dans le désert) :

Le marché s'attend généralement à ce que l'avenir soit plus risqué que le présent. Les contrats VIX à plus longue échéance coûtent donc plus cher que les contrats à court terme. Chaque mois, le gérant de l'ETF doit vendre le contrat qui expire pour acheter le contrat du mois suivant... qui est plus cher !

L'ETF achète constamment "à perte" pour rouler sa position. C'est une érosion mathématique permanente.

Exactement comme le *beta-slippage* des ETF inversés (vus au chapitre 1), si vous achetez un ETF VIX et que le marché reste calme pendant un an, **votre ETF peut perdre 50 % à 70 % de sa valeur**, juste à cause de ce coût de structure ! C'est comme tenir un glaçon dans sa main en plein désert en attendant qu'il pleuve. Si la pluie (le krach) n'arrive pas vite, le glaçon fond et vous n'avez plus rien. Ce n'est **absolument pas** un investissement de long terme.

L'Outil des Pros : Les Options sur le VIX

Pour éviter le piège des ETF, les traders professionnels utilisent des **Options d'achat (Calls)** directement sur le VIX. Mais cette méthode exige un niveau de précision diabolique. Pour gagner, vous devez réussir un triple exploit :

1. **Acheter quand c'est peu cher :** Il faut acheter vos options quand le VIX est au plus bas (en plein marché haussier euphorique), ce qui demande une sacrée discipline à contre-courant.

2. **La Temporalité (Le pire ennemi) :** Les options ont une date de péremption (*Expiration*). Si vous achetez une option qui expire en juin en pariant sur un krach, et que le marché s'effondre lamentablement au mois de juillet... votre option a expiré à zéro. Vous aviez raison sur le fond, mais vous avez tout perdu à cause du timing.

3. **Revendre au sommet absolu :** Le VIX est un élastique. S'il monte à 60 lors d'un vent de panique, il peut retomber à 25 en

l'espace de deux semaines. Si vous ratez cette fenêtre de tir ultra-courte de quelques jours pour revendre vos options, vos gains s'évaporent à la vitesse de la lumière.

Le Verdict : Pourquoi chercher si compliqué ?

Le VIX est un indicateur fantastique à *regarder* pour comprendre la psychologie du marché. Mais c'est un outil terriblement difficile à *trader*. Maintenir une couverture VIX coûte extrêmement cher en temps de paix (érosion, expiration des options) et requiert un don de voyance sur le timing de la crise.

Si la vente à découvert est trop dangereuse, si les fonds spécialisés coûtent trop cher, et si le VIX est un piège mathématique... que reste-t-il à l'investisseur particulier qui veut simplement protéger son capital sans avoir un doctorat en ingénierie financière ?

Faut-il abandonner et se résigner à subir le prochain krach de plein fouet ? Absolument pas.

Puisque les outils de "traders" ne sont pas adaptés pour nous, il est temps de nous tourner vers les solutions conçues spécifiquement pour la tranquillité d'esprit de l'investisseur de long terme. Et l'une des inventions financières les plus élégantes et efficaces de cette dernière décennie qui se démocratise.

C'est une solution "clés en main". Elle bloque mathématiquement vos pertes en cas de chute du marché, sans que vous n'ayez besoin de calculer la volatilité ou de surveiller les cours tous les matins.

Oubliez la complexité du VIX. Tournez la page, nous entrons dans le monde fascinant des **ETF Buffer**.

22. Les ETF à Protection Définie (Buffer ETFs) : L'Assurance avec Franchise

Si les ETF inversés sont des outils de trading nerveux, et les Managed Futures une boîte noire algorithmique, les **ETF à Protection Définie** (ou *Buffer ETFs*) sont tout l'inverse.

Soyons clairs dès le départ : de tous les outils présentés dans cette troisième partie, c'est **le plus simple à utiliser**. Ce n'est pas forcément un produit de "bon père de famille" traditionnel qui fuit tout risque, mais c'est l'outil parfait pour **l'investisseur soucieux qui préfère rester investi sur le marché des actions tout en bénéficiant d'une protection**.

Historiquement, si vous vouliez ce type de protection, vous deviez supplier votre banquier de vous vendre un "produit structuré". Ces usines à gaz bancaires étaient bourrées de frais cachés, totalement opaques et bloquaient votre argent pendant 8 ans. Les *Buffer ETFs* font exactement la même chose, mais pour une fraction du prix et en un clic depuis votre compte-titres.

Le Concept : Le Pacte de la Franchise

Le principe est d'une logique implacable. Vous passez un contrat tacite avec le marché, basé sur deux piliers :

1. **Le Bouclier (Le Buffer) :** L'ETF s'engage à absorber vos premières pertes. Par exemple, avec un bouclier classique de 15%, si le marché baisse de -10%, vous ne perdez rien (0%).

2. **Le Plafond (Le Cap) :** En échange de cette protection, vous acceptez de limiter vos gains. Si le marché s'envole de +30%, vos gains seront plafonnés (par exemple à +15%).

Attention, la hausse n'est pas garantie ! Beaucoup font l'erreur de penser que l'ETF versera forcément les 15% de plafond. C'est faux. Si le marché fait une petite année et monte seulement de **+6%**, votre ETF fera simplement **+6%**. Ce sont uniquement les *niveaux* de baisse (partiellement absorbée) et de hausse (totalement capée) qui sont définis à l'avance.

Où les trouver ?

Ces produits débarquent massivement pour les francophones :

- **En Europe : Amundi** déploie des solutions de protection du capital, et **iShares (BlackRock)** vient de lancer ses *iShares S&P 500 Ultrashort & Buffer ETFs*.

- **Au Canada :** La banque **BMO** propose son excellente série *BMO US Equity Buffer ETF* (symbole : **ZBUF**).

Le Test Récent (La Simulation sur 6 ans)

La théorie est belle, mais regardons la pratique. Imaginez que vous ayez investi 10 000 € le 1er janvier 2020 dans un ETF Buffer S&P 500 (Bouclier 15%, Plafond 15%).

- **2020 (Le Krach Covid) :** Le S&P 500 fait un plongeon terrifiant de -30% en mars. L'ETF Buffer ne panique pas, amortit la chute, et termine l'année à son plafond de **+15%**.

- **2021 (L'Euphorie) :** Le S&P 500 fait +28%. L'ETF touche son plafond à **+15%**. (Vous ratez la moitié de la hausse).

- **2022 (L'Inflation) :** Le S&P 500 s'effondre de -19,4%. Le bouclier fait son travail : votre perte est limitée à **-4,4%.**

- **2023 & 2024 (Le Rebond et l'IA) :** Le S&P 500 explose (+24% chaque année). L'ETF est plafonné à **+15%.**

- **2025 (Une belle année) :** Le S&P 500 fait encore une belle année à 16.4%. L'ETF est plafonné à **+15%** mais perd peu.

Bilan sur 6 ans : Le S&P 500 pur a gagné la course de la rentabilité brute (+113%). L'ETF Buffer un très respectable +93%. L'écart de 20% peut paraître beaucoup, mais vous avez évité les sueurs froides mortelles de 2020 et 2022. Vous avez acheté de la tranquillité d'esprit.

Le Grand Crash-Test : La Simulation sur 60 ans

Mais pour mesurer la véritable valeur de cet outil, 6 ans ne suffisent pas. Il faut le confronter à l'histoire avec un grand "H". J'ai personnellement réalisé les calculs et modélisations mathématiques de cet outil sur un demi-siècle, de 1966 à 2025. *(Vous pouvez d'ailleurs retrouver les données brutes et le tableau Excel complet en libre accès sur mon site : ☞ **www.krachboursier.com**).*

Les résultats viennent pulvériser une idée reçue très tenace en finance : l'idée qu'être "plafonné" détruit forcément la performance à long terme.

Regardez l'effet des intérêts composés sur l'évolution du prix de l'indice :

- **Si vous aviez démarré en 1966 (sur 60 ans) :** Le S&P 500 a généré un rendement annualisé (CAGR) de **7,45 %.** L'ETF Buffer a généré... **7,49 %.** Incroyablement, le produit protégé a virtuellement battu le marché libre ! Oui vous avez bien lu, il aurait surperformé le S&P500.

- **Si vous aviez démarré en 1967 (sur 59 ans) :** En décalant d'une seule année pour éviter la forte baisse de 1966, la tendance s'inverse légèrement. Le S&P 500 reprend la main avec **7,84 %** contre **7,62 %** pour l'ETF Buffer.

La Leçon : Le paradoxe de Warren Buffett

Comment un ETF qui ampute une grande partie de vos années de hausse peut-il faire jeu égal avec le marché sur 60 ans ?

C'est le paradoxe de la préservation du capital. Sur 60 ans, l'ETF Buffer a effacé **11 années de baisses modérées** (transformées en 0%) et a adouci les pires krachs de l'histoire (en 2008, il divise la perte de -38,5% en une perte plus gérable de -23,5%).

Son comportement est en réalité très proche de la philosophie de **Warren Buffett** : il sous-performe toujours lors des grands marchés haussiers et euphoriques, mais il récupère toute sa performance en sur-performant massivement lors des grandes années de krach. (À la différence près que Buffett arrive, en plus, à battre le marché sur le très long terme grâce à ses choix d'entreprises).

Le Piège Caché : Il n'y a pas de repas gratuit en finance

Si cet outil est si parfait, pourquoi tout le monde n'y investit pas 100% de son capital ?

Parce que cette protection a un coût, qui se cache dans la mécanique même de l'ETF :

1. **La contrainte de temps :** Pour que les mathématiques fonctionnent exactement comme annoncé, vous devez garder l'ETF pendant une période précise (généralement 1 an). Si vous l'achetez ou

le revendez au milieu de l'année en pleine panique, le bouclier et le plafond seront désynchronisés.

2. **La Liquidité :** Ces ETF sont composés d'options. Ils sont donc un peu moins fluides et moins liquides qu'un ETF S&P 500 classique.

3. **L'Absence de Dividendes (Le vrai coût) :** C'est avec les dividendes des actions que le gérant "paie" votre assurance. Vous n'y touchez donc pas. Et c'est là que la simulation sur 60 ans trouve sa limite : si vous aviez investi dans un S&P 500 classique en réinvestissant vos dividendes chaque année, votre rendement réel historique serait plus proche de **10 % par an**. Sur un demi-siècle, la différence entre 7,5% (l'ETF Buffer) et 10% (Le S&P 500 avec dividendes) représente une fortune absolue.

L'Avertissement du Nasdaq : Pourquoi protéger la Tech est une hérésie

Arrivé à ce stade, vous pourriez vous faire une réflexion très logique : *"Puisque le bouclier fonctionne si bien sur le S&P 500 pour limiter la casse, pourquoi ne pas l'utiliser sur le Nasdaq, qui est un indice beaucoup plus risqué et volatil ?"*

C'est une excellente question. J'ai donc fait tourner la même simulation mathématique (Bouclier 15% / Plafond 15%) sur les 40 dernières années du **Nasdaq Composite** (de 1986 à 2025). *(Les tableaux sont également sur mon site).*

Le constat est sans appel et totalement contre-intuitif : **c'est une catastrophe mathématique.**

Si l'ETF Buffer fait des miracles de régularité sur le S&P 500, il détruit littéralement la performance de la Tech.

- **L'Investisseur Nasdaq pur :** Ses 10 000 $ investis en 1986 se sont transformés en environ **689 900 $** (soit un rendement annualisé historique vertigineux de plus de 11 %).
- **L'Investisseur ETF Buffer Nasdaq (15/15) :** Ses 10 000 $ se sont transformés en seulement **139 200 $** (environ 6,8 % par an).

En voulant se protéger, l'investisseur Buffer a gagné **près de 5 fois moins d'argent** à l'arrivée !

Pourquoi un tel désastre ? Le problème vient de "l'ADN" même du Nasdaq. Cet indice est une fusée hyper-volatile, et cette volatilité joue contre la mécanique de l'ETF sur deux fronts :

1. **Vous coupez le moteur de la fusée :** Sur 40 ans, le Nasdaq a connu des années aux gains délirants (+56 % en 1991, +85 % en 1999, +43 % en 2023). En plafonnant ces années miracles à 15 %, vous tuez la raison même pour laquelle vous avez acheté de la Tech : la croissance exponentielle.

2. **Votre bouclier est en carton face aux vrais krachs Tech :** Le S&P 500 baisse rarement de plus de 15 %. Mais quand la Tech s'effondre (comme en 2000, 2001, 2008, ou 2022), elle perd souvent entre 30 % et 40 %. Votre bouclier de 15 % ne fait que ralentir un peu la chute. Vous encaissez donc des pertes très lourdes (de -15% à -25%), mais vous êtes incapable de vous refaire l'année suivante puisque vos gains de rebond seront bloqués à 15 %. Vous perdez sur les deux tableaux.

Le Verdict

Les ETF à Protection Définie sont un miracle d'ingénierie financière. Sur l'évolution du cours, ils font quasiment jeu égal avec le marché tout en divisant votre stress par trois et en vous protégeant des pires années de l'histoire.

- **La condition :** Vous devez accepter de renoncer au rendement de vos dividendes et de respecter la contrainte de temps (ne pas vendre au milieu de l'année).
- **Le bon terrain de jeu :** Vous devez utiliser les ETF Buffer **exclusivement sur des indices larges et modérés** (comme le S&P 500). Comme nous venons de le voir, les appliquer sur un indice de croissance hyper-volatil comme le Nasdaq est une erreur d'architecture monumentale. On ne met pas un limiteur de vitesse à 100 km/h sur une Formule 1.
- **Le cas d'usage :** C'est un outil passif défensif exceptionnel pour la poche "Sécurité" de votre portefeuille, ou pour l'argent dont vous pourriez avoir besoin dans 3 à 5 ans. C'est notamment utile si vous souhaitez garder du cash et essayer d'avoir un "bonus" lié à la bourse. Avec un max buffer vous êtes protégés tant en espérant une hausse supérieure ou égale à 7% (soit beaucoup plus que les taux sans risques).

Cependant, cela reste une approche *défensive*. Vous limitez la casse, mais vous ne vous enrichissez pas pendant un effondrement.

Que se passe-t-il si vous voulez être *offensif* ? Si vous voulez parier activement sur la chute d'une entreprise ou du marché pour générer des profits immenses pendant la panique ? Les options !

23. Le Put de Protection : L'Arme Absolue de la Préservation

Oubliez un instant tout ce que nous venons de voir. Les ETF inversés, le VIX, les fonds de couverture complexes... tout cela n'était qu'un échauffement. Nous entrons maintenant dans la catégorie reine de la protection financière.

Les chapitres qui suivent ne sont pas une simple liste d'outils supplémentaires. C'est une véritable "Masterclass" dédiée à l'arme absolue des professionnels de Wall Street : **Les Options**. Si le mot "Option" vous fait peur ou vous évoque des mathématiques incompréhensibles, rassurez-vous. Nous n'allons pas faire de trading spéculatif à haut risque. Nous allons simplement apprendre à utiliser ces instruments pour ce pour quoi ils ont été inventés à l'origine : créer une assurance sur-mesure pour votre portefeuille. Et la brique fondamentale de cette assurance porte un nom : **le Put de protection.**

Si vous avez lu mon précédent ouvrage (*Réussir en Bourse : Maîtriser les options*), vous savez à quel point ces instruments sont redoutables lorsqu'ils sont bien maîtrisés. Pour les autres, pas de panique, nous allons reprendre les bases de la manière la plus intuitive possible.

Le Mécanisme : L'Assurance Habitation de votre Portefeuille

Acheter un Put (une option de vente), c'est exactement comme acheter une assurance incendie pour votre maison.

Lorsque vous achetez un Put sur un indice boursier ou sur une action que vous possédez, vous achetez **le droit contractuel (et non l'obligation) de revendre cet actif à un prix garanti à l'avance, et ce jusqu'à une date précise.**

- **Le scénario catastrophe :** La Bourse s'effondre de 40 % (votre maison brûle). Votre contrat d'assurance (Le Put) s'active. La valeur de votre option explose à la hausse pendant que votre portefeuille chute. L'un compense l'autre.
- **Le scénario idéal :** La Bourse monte de 20 % (votre maison reste intacte). À la fin de l'année, votre assurance expire et ne vaut plus rien. Vous avez "perdu" le prix de l'assurance, mais votre portefeuille a généré de superbes bénéfices. Et surtout, vous avez dormi sereinement.

Comment se constitue le prix de cette assurance (La Prime) ?

Le prix que vous payez pour acheter ce Put s'appelle la **Prime**.

Pour vous démontrer comment fonctionne la tarification, nous n'allons pas faire de théorie. J'ai extrait pour vous **les vrais prix du marché à la date du 22 février 2026** (avec un indice de la peur, le VIX, autour de 19).

Le prix de votre protection va être déterminé par 3 paramètres fondamentaux :

1. La Volatilité (L'actif et la météo) : Que protégez-vous et à quel moment ?

Le prix de votre assurance dépend de deux types de volatilité : celle de l'actif lui-même, et celle de la période à laquelle vous l'achetez.

- **Le choix de l'actif (Le Sous-jacent) :** Les assureurs font payer plus cher les conducteurs de voitures de sport que de berlines familiales. En bourse, c'est pareil. Regardez nos chiffres du 22 février 2026 pour une protection d'un an (327 jours) : protéger le S&P 500 dès le premier pourcent de baisse coûte **5,92 %**. Pour la même protection sur le Nasdaq, qui est beaucoup plus volatil, la prime grimpe à **7,56 %** (près de 30 % plus cher). Plus l'actif est risqué, plus la prime est forte.

- **La période d'achat (La Météo du marché) :** C'est la règle d'or de la protection. Si vous essayez d'acheter une assurance inondation au moment où l'ouragan frappe votre maison, elle vous coûtera une fortune. En bourse, quand c'est la tempête et que les marchés chutent (le VIX explose), tout le monde se rue sur les Puts, et leurs prix s'envolent. En revanche, quand c'est le grand beau temps (marché en pleine forme haussière, VIX très bas), les investisseurs sont insouciants et les prix des options deviennent beaucoup plus abordables. **La leçon ? On achète son parachute quand l'avion est encore au sol et que personne n'a peur.**

2. Le Prix d'Exercice (Le *Strike Price*) : Le Niveau de Protection

C'est le seuil de déclenchement de votre assurance. À partir de quelle baisse souhaitez-vous être protégé ?

Si vous acceptez d'encaisser les premiers 10 % ou 20 % de baisse sans intervention de l'assurance, vous abaissez votre niveau de protection (vous choisissez un Strike plus éloigné du prix actuel). L'impact sur le prix est tout simplement colossal.

Prenons nos chiffres pour une protection très longue durée de près de deux ans (**698 jours**) sur le S&P 500. *(Rappel : un contrat d'option couvre 100 actions, il faut donc multiplier la prime unitaire par 100)* :

- **Protection immédiate (dès 0 % de baisse) :** La prime unitaire est à 58,60 $. L'option vous coûte donc **5 860 $.**
- **Protection à partir de -10 % :** La prime tombe à 38,20 $ (soit **3 820 $**). Le simple fait de tolérer une baisse de 10 % fait chuter le prix à 65 % de sa valeur initiale !
- **Protection à partir de -20 % :** La prime s'effondre à 24,20 $ (soit **2 420 $**). C'est environ **2,5 fois moins cher** que la protection immédiate !

Conclusion : Ne cherchez pas à protéger chaque petite baisse de marché. En acceptant d'absorber une correction classique de 10 % ou 20 %, vous divisez le coût de votre assurance par deux ou trois.

3. La Date d'Expiration (L'Échéance) : Le Secret du Temps

C'est ici que les investisseurs débutants se font piéger. Ils achètent souvent des protections à court terme (pour 1 mois) en pensant faire des économies. **C'est une grave erreur mathématique.**

L'érosion du temps (ce qu'on appelle la lettre grecque *Thêta*) détruit la valeur d'une option très lentement au début, puis à une vitesse folle lors des 30 derniers jours. Acheter des options à long terme est beaucoup moins cher *rapporté au temps de couverture*.

La preuve absolue avec nos chiffres sur le S&P 500 :

- **Protection très court terme (26 jours) :** Coûte **1,64 %**.
- **Protection long terme (327 jours) :** Coûte **5,92 %**. Faites le calcul : pour **12,5 fois plus de temps** de protection (327 vs 26 jours), le prix n'est multiplié que par **3,6** !

- **Protection très long terme (698 jours) :** Coûte **8,50 %**. Là encore, la magie opère : vous doublez presque votre durée de couverture (de 327 à 698 jours) pour un surcoût d'à peine **1,43 fois** le prix !

Conclusion : Il vaut toujours mieux acheter des Puts à long terme (les professionnels appellent cela des LEAPS). Vous payez beaucoup moins cher au prorata du temps, et vous gagnez une tranquillité d'esprit totale sur l'année.

24. L'Assurance Tous Risques : Le Put ITM / ATM (Et pourquoi elle vous ruinera à petit feu)

Maintenant que nous avons compris comment le temps et la volatilité influencent le prix, rentrons dans le concret. Quelle assurance choisir ? Commençons par celle qui fait le plus rêver les investisseurs angoissés : la protection totale, dès le premier centime de baisse.

En termes techniques, il s'agit d'acheter un Put **ATM (At The Money - À la monnaie)** ou **ITM (In The Money - Dans la monnaie)**.

- Le marché est à 100 $, vous achetez le droit de revendre à 100 $(ATM) ou même à 105$ (ITM).
- **Ce que cela protège :** Absolument tout. Vous n'avez aucune franchise. Si le marché éternue et perd 1 %, votre contrat d'option gagne immédiatement de la valeur pour compenser votre perte en capital.

C'est magnifique sur le papier. Mais faisons parler les mathématiques avec nos vrais chiffres du **22 février 2026**.

Le Cas Pratique : Protection sur 327 jours

Le S&P 500 (via l'ETF SPY) cote à environ 690 $.

Vous décidez d'acheter un Put avec un prix d'exercice (Strike) à 690 $, expirant dans 327 jours (soit presque 11 mois de couverture).

D'après nos données, la prime de cette option coûte **40,80 $** par action.

Cela représente **5,92 %** de votre capital (arrondissons à 6 % pour simplifier). Vous venez de payer 6 % de "frais d'assurance" pour l'année.

Voyons ce qu'il se passe à l'expiration de votre contrat, selon 3 scénarios de marché :

- **Scénario 1 : Le marché est en pleine forme et monte de +15 %** Votre portefeuille d'actions s'est apprécié de 15 %. Puisque le marché a monté, votre assurance (le Put) ne sert à rien, elle expire et sa valeur tombe à zéro.

  Votre bilan : Vous encaissez la hausse de 15 %, à laquelle on soustrait les 6 % payés pour la prime d'assurance. **Votre gain net est de +9 %.** Vous avez gagné de l'argent tout en dormant sereinement. Jusqu'ici, tout va bien.

- **Scénario 2 : Le marché trébuche et baisse de -6 %** Votre portefeuille d'actions a perdu 6 % de sa valeur. Heureusement, votre Put s'active ! Il vous rembourse intégralement cette baisse (l'option gagne les 6 % que vos actions ont perdus). L'un annule l'autre, votre capital est donc intact. Cependant, n'oubliez pas que vous aviez payé 6 % de prime en début d'année pour acheter ce contrat !

  Votre bilan : **Votre perte nette est de -6 %** (le prix strict de votre assurance). La protection a fonctionné, mais la facture de l'assureur représente l'intégralité de votre perte.

- **Scénario 3 : Le grand Krach, le marché s'effondre de -20 % (ou plus)** C'est pour ce moment que vous avez payé. Votre portefeuille s'effondre de 20 %. Votre Put, lui, explose à la hausse et vous reverse l'intégralité de ces 20 % en cash.

Votre bilan : La perte de vos actions est effacée à 100 %. Votre seule et unique perte de l'année restera le prix que vous avez payé au départ pour l'assurance. **Votre perte nette est bloquée à -6 %, même si le marché perd 40 % ou 50 % !**

Illustration avec un graphique :

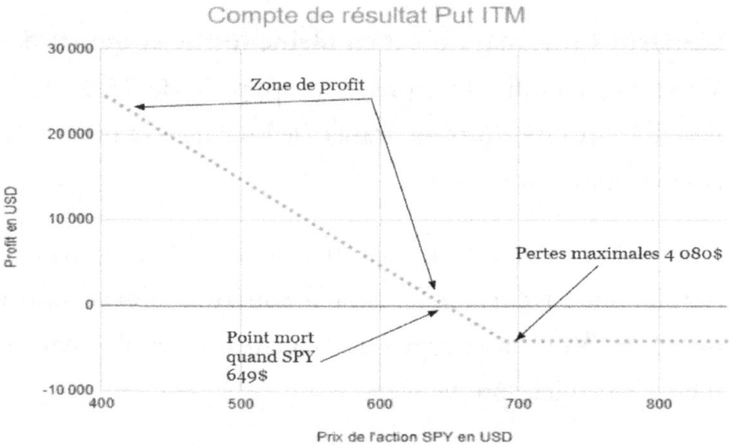

Figure 9 : Le graphe des pertes - profits pour un put ITM Assurance tous risques

Comment lire ce graphique ?

Ce schéma illustre le profil de gains et de pertes d'une option Put. Dans cet exemple, l'ETF SPY (qui réplique le S&P 500) s'échange à 690 $. Nous avons acheté un Put de protection avec un prix d'exercice (Strike) fixé exactement à ce même niveau de 690 $.

- Le coût de l'assurance : Remarquez la ligne plate en bas. Si le marché monte ou stagne, notre assurance ne sert à rien. Notre perte est strictement limitée au prix que nous avons payé pour acheter l'option (ici 40,80$ par action, soit 4 080$ pour un contrat de 100 actions). Vous savez d'avance, au centime près, ce que vous risquez de perdre au maximum.

- Le Point Mort : C'est le petit "piège" de l'assurance qu'il faut bien comprendre. Puisque nous avons payé 41$ de prime, il faut que le marché chute d'au moins 41$ pour que notre option rembourse son propre coût. Le point mort se situe donc à 649 $ (690 - 41).

- La zone de protection: Dès que le SPY passe sous la barre des 649 $, c'est là que la magie opère. Chaque dollar de chute supplémentaire du marché se transforme en bénéfice direct sur votre option. Plus le marché s'effondre, plus cette ligne grimpe pour venir éponger les pertes de votre portefeuille principal !

Le Piège Mathématique : Le coût de la répétition

À la lecture du Scénario 3, vous vous dites sûrement : *"Bloquer ma perte maximale à 6 % en cas de krach, c'est génial ! Je veux faire ça tous les ans !"*

C'est ici que le piège se referme. En Bourse, l'histoire nous montre que le marché enregistre une baisse annuelle (du 1er janvier au 31 décembre) en moyenne **tous les 4 ans**, et qu'un véritable *Bear Market* (un grand marché baissier d'au moins 20% ou un krach) ne survient en moyenne que **tous les 6 ans**.

Cela signifie que pour être certain d'être protégé le jour du grand effondrement, vous allez devoir racheter cette assurance de 6 % chaque année pendant 6 ans.

Faisons le compte pour attendre ce grand krach : 6 ans x 6 % de prime annuelle = **36 % de votre capital dépensé en assurances !** Historiquement, la Bourse américaine (S&P 500) rapporte en moyenne 8 % à 10 % par an (dividendes inclus). Si vous dépensez 6 % chaque année rien que pour vous protéger, **vous amputez plus de la moitié de votre performance historique.** À long terme, payer une assurance tous risques permanente (Put ITM ou ATM) est un suicide financier doux. L'érosion de vos primes annuelles va ruiner votre rendement, au point que vous auriez sans doute fini plus riche en subissant le krach de plein fouet sans aucune couverture !

La conclusion de l'investisseur malin :

On n'assure pas sa voiture contre les rayures sur le parking, on l'assure contre la destruction totale. Pour protéger votre portefeuille sans détruire votre rentabilité, vous devez accepter une petite rayure (un niveau de tolérance à la baisse).

C'est exactement le rôle du **Put OTM (Out of The Money)**, que nous allons disséquer dans le chapitre suivant.

25. L'Assurance Raisonnable : Le Put OTM (Le compromis intelligent)

Puisque protéger son portefeuille dès le premier pourcent de baisse coûte une fortune (environ 6 % par an), comment font les professionnels pour sécuriser leur patrimoine sans ruiner leur rentabilité ?

Ils acceptent une franchise. Ils utilisent des Puts **OTM (Out of The Money - En dehors de la monnaie).**

L'objectif n'est plus d'effacer les petites corrections naturelles du marché, mais de construire un bunker étanche contre les grands krachs dévastateurs (ceux qui détruisent 30 %, 40 % ou 50 % d'un patrimoine, comme en 2000 ou en 2008).

Le Cas Pratique : Une assurance à moins de 2 % par an

Reprenons nos vrais chiffres du 22 février 2026 sur le S&P 500 (qui cote autour de 690 $).

Au lieu d'acheter une assurance "tous risques", vous décidez d'acheter une assurance "catastrophe". Vous choisissez un niveau de tolérance à la baisse de **-20 %** (ce qui correspond à un Strike à 550 $). Vous acceptez psychologiquement et financièrement que votre portefeuille baisse de 20 % sans que l'assurance n'intervienne.

- **Le coût sur 2 ans :** D'après nos données, la prime de ce Put (Strike 550) pour une couverture de 698 jours coûte 24,20 $ par action, soit environ **2 420 $** par contrat.

- **Le coût annualisé :** Ramenée sur une année, cette protection vous coûte **moins de 1,8 % par an** ! (Pour un contrat d'un an, soit environ 327 jours, cela vous coûterait approximativement **1 200 $**).

Illustration graphique :

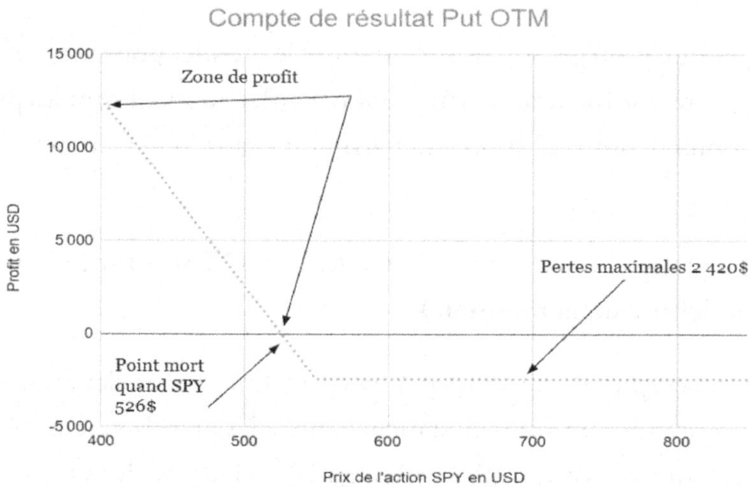

Figure 10 : Le graphe des pertes - profits pour un put OTM Assurance Krach

Comment lire ce graphique ? (L'assurance Catastrophe)

Ce second schéma a exactement la même forme que le précédent. Cependant il illustre une approche différente : le Put "en dehors de la monnaie" (*Out-Of-The-Money*), conçu pour vous protéger sur une longue durée (ici, 2 ans). Le SPY s'échange toujours à 690 $, mais cette fois, nous avons fixé le prix d'exercice (Strike) beaucoup plus bas, à 550 $.

- Une franchise très large : Regardez comme la ligne plate s'étire loin vers la gauche. Cela signifie que si le marché baisse de 10 % ou même de 15 %, votre assurance ne vous rembourse rien. Vous acceptez d'encaisser cette première perte seul : c'est votre "franchise".

- Le déclenchement de l'airbag (Sous les 550 $) **:** Votre filet de sécurité ne se déploie que si le marché s'effondre véritablement et traverse la barre des 550$. À partir de ce seuil (et une fois le coût de l'option absorbé pour atteindre le point mort à 526$), la ligne verte remonte en flèche pour éponger l'hémorragie de votre portefeuille. A partir de 550$ vous êtes 100% protégés de chaque baisse.

Scénario de Krach : Le marché dévisse de 40 %

C'est ici que la magie de la protection OTM opère. Une crise systémique éclate et le S&P 500 s'effondre de 40 %. Le prix de l'ETF SPY plonge et ne vaut plus que **415 $**.

Votre contrat d'assurance s'active avec une violence mathématique à votre avantage. Il vous donne le droit absolu de vendre vos actions à **550 $** (votre Strike), alors qu'elles n'en valent plus que 415 sur le marché !

La différence en votre faveur est de 135 $ par action. Puisqu'un contrat couvre 100 actions, la valeur de votre Put bondit instantanément pour atteindre au minimum **13 500 $** !

- **Le Retour sur Investissement (ROI) :** Vous aviez payé votre assurance 1 200 $ (pour un an) ou 2 400$ (pour deux ans). En pleine tempête, votre protection vous reverse un chèque de 13 500 $. Vous venez de récupérer entre **5 et 10 fois votre mise de départ** !

Le Bilan de l'investisseur malin : Que faire de ce cash ?

Ce gain massif et immédiat de 13 500 $ en liquidités a deux utilités fondamentales :

1. **Il éponge vos pertes :** Ce cash vient mathématiquement annuler la chute de votre portefeuille en dessous de la barre de votre franchise des -20 %. Votre compte est stabilisé pendant que les autres investisseurs voient le leur divisé par deux.

2. **Il vous offre l'opportunité d'une vie :** Avoir du cash "frais" au pire moment de la crise est le rêve de tout investisseur. Pendant les vrais krachs boursiers, la panique est telle que les marchés liquident tout à l'aveugle. Comme le dit le célèbre dicton, **"on jette le bébé avec l'eau du bain"** : les entreprises magnifiques, ultra-rentables et solides sont massacrées au même titre que les entreprises au bord de la faillite. Grâce aux profits de votre Put, vous avez désormais les munitions nécessaires pour réinvestir et acheter ces pépites historiques à des prix bradés !

Ce compromis est le préféré des gestionnaires de patrimoine prudents : il laisse le portefeuille respirer et générer des profits pendant les années de hausse (car 1,8 % de frais annuels est facile à absorber), tout en coupant purement et simplement le risque de ruine.

Mais certains gérants de fonds vont encore plus loin. Ils poussent cette logique à l'extrême pour transformer les krachs non plus en de simples "moindres pertes", mais en gains colossaux. Avant de voir les stratégies de fin du Monde, tournons la page pour obtenir les 3 secrets des professionnels pour optimiser l'achat de put.

26. Les 3 secrets des pros pour optimiser l'achat de ses puts

Maintenant que vous avez compris la puissance d'une option de vente (le Put), vous êtes peut-être tenté de vous précipiter sur votre plateforme de courtage pour assurer tout votre portefeuille. Ne le faites pas tout de suite.

Acheter une option ne s'improvise pas. Voici trois astuces utilisées par les professionnels pour diviser le coût de leur assurance et maximiser son efficacité.

L'assurance en plein incendie : une petite histoire personnelle.

Je vais vous faire une confidence qui m'a coûté cher. En 2020, au début de la pandémie, j'ai voulu être malin. Voyant le secteur du tourisme s'effondrer et les établissements fermer les uns après les autres, j'ai acheté des options Put sur *Las Vegas Sands (opérateur de casinos américain qui a aussi des établissements très lucratifs à Macao près de la Chine).*

Fondamentalement, j'avais "raison" avec mon analyse : les casinos sont restés fermés des mois et même des années pour ceux de Macao qui n'ont commencé à rouvrir qu'en juillet 2022. Le titre a effectivement continué de baisser. Et pourtant... j'ai perdu de l'argent sur cette opération ! Pourquoi ? Parce que la panique globale avait déjà éclaté et que la volatilité (VIX) culminait à des sommets historiques. Les primes des options étaient devenues hors de prix. J'avais acheté mon assurance alors que la maison était déjà en flammes. Par la suite, même si l'action continuait de baisser, la volatilité du marché a commencé à se dégonfler. Cette chute de la volatilité a détruit la valeur de mon option beaucoup plus vite que la baisse de l'action ne l'enrichissait. Un dur rappel des leçons de base : n'achetez *jamais* un Put quand la volatilité est au zénith.

1. Acheter son parapluie quand il fait beau (Le Secret de la Volatilité)

Comme on vient de le voir c'est la règle d'or absolue : on n'achète jamais une assurance incendie quand la maison du voisin est déjà en flammes. En Bourse, cela signifie qu'il faut acheter ses Puts lorsque le marché est calme, serein, et que la volatilité (le VIX) est au plus bas.

Pourquoi ? À cause d'une donnée mathématique que les traders appellent le **Vega**. Le Vega mesure la sensibilité du prix de votre option aux changements de volatilité.

Mis à part mon exemple des casinos ci-dessus, prenons un autre exemple réel sur le S&P 500 (SPY). Aujourd'hui, je regarde pour acheter un Put de couverture valable pendant 2 ans. Il coûte 5 800 $. Son "Vega" est affiché à 3,5.

Cela signifie que pour **chaque point** de hausse ou de baisse de la volatilité sur le marché, le prix de mon option va varier de **350 $** !

Si vous achetez ce Put un jour où le marché panique un peu et que le VIX a pris 3 points, vous allez payer 5-10%. À l'inverse, si vous êtes patient et que vous attendez une belle semaine de hausse où le marché s'endort, la volatilité va chuter et votre prime d'assurance va être plus abordable. Vous pourrez couvrir plus pour le même coût ou bien vous couvrir autant pour un coût inférieur. En résumé : soyez patient, et payez votre assurance quand personne n'en veut plus.

2. Le "DCA" de l'Assurance (Fractionner ses achats)

La plupart des investisseurs particuliers qui se couvrent font l'erreur d'acheter toute leur assurance d'un seul coup (par exemple, un gros contrat le 1er janvier pour l'année entière). C'est un pari risqué sur le timing.

Les professionnels préfèrent lisser leur prix d'entrée, exactement comme on le fait pour acheter des actions avec la méthode du DCA (*Dollar Cost Averaging*).

Au lieu de prendre une assurance annuelle massive, prenez l'habitude d'acheter de petites couvertures **tous les trimestres** (ou tous les mois, selon la taille de votre portefeuille). Vous lissez ainsi les variations de volatilité et vous étalez le coût de vos primes tout au long de l'année. Vous aurez toujours une assurance active, quel que soit le moment où le marché se retourne.

3. L'Art du "Roulement" (Ne jamais attendre l'échéance)

C'est la technique ultime pour réduire la facture de votre protection.

Une option est un glaçon qui fond au soleil. Plus la date d'expiration approche, plus sa valeur "temps" s'évapore. Mais attention, cette fonte n'est pas linéaire : elle s'accélère violemment au cours des **6 derniers mois** de vie du contrat.

L'astuce de pro consiste donc à ne jamais garder une option jusqu'à sa mort.

Si vous achetez un Put d'une durée de 2 ans, conservez-le pendant 18 mois. Lorsqu'il ne lui reste plus que 6 mois à vivre, **revendez-le sur le marché !** Même si le krach n'a pas eu lieu, votre option possède encore une valeur résiduelle intéressante que vous allez récupérer en cash. Utilisez immédiatement ce cash pour racheter un nouveau Put d'une durée de 2 ans.

Dans le jargon financier, on appelle cela "rouler ses options" (*Rolling over*). En revendant avant la période d'érosion fatale des 6 derniers mois, vous recyclez une partie de votre capital et vous réduisez drastiquement le coût réel de votre assurance sur le long terme.

Après ces astuces je sens que vous êtes prêts pour vous couvrir contre la fin du Monde.

27. La Stratégie de la "Fin du Monde" : Le modèle Mark Spitznagel

Dans le monde de la finance, il existe une caste d'investisseurs très particuliers : les chasseurs de "Cygnes Noirs". Le plus célèbre de ces chasseurs s'appelle **Mark Spitznagel**, fondateur du fonds *Universa Investments* (et protégé du célèbre essayiste Nassim Nicholas Taleb, l'homme du Cygne Noir et qui est aussi conseiller scientifique du fonds).

Sa stratégie est fascinante, totalement contre-intuitive, et particulièrement adaptée aux "prophètes de la fin du monde".

Le Concept : Saigner tous les jours pour rafler le jackpot

La méthode de Spitznagel consiste à acheter des Puts extrêmement éloignés du prix actuel du marché. C'est ce qu'on appelle des Puts **"Deep OTM" (Très en dehors de la monnaie)**.

Il achète des protections qui ne se déclencheront que si le marché s'effondre de 30 % ou 40 %.

Quel est l'avantage ? Puisque la probabilité d'un tel effondrement est mathématiquement très faible, ces options ne valent presque rien. Elles coûtent des miettes.

La psychologie de la stratégie : Pendant des années, le marché monte ou stagne. Les options de Spitznagel expirent sans aucune valeur. Son fonds "saigne" un peu d'argent tous les jours. Il a tort 99 % du temps et passe pour un pessimiste paranoïaque auprès des autres gérants.

Mais le jour où l'improbable se produit, le jour où le marché se disloque et s'effondre dans un mouvement de panique absolue... c'est le jackpot. Ses options, qui ne valaient que quelques centimes, voient leur valeur exploser. Les gains gigantesques générés en quelques jours compensent des années entières de petites pertes et propulsent le rendement global du fonds à des niveaux stratosphériques.

Le Cas Pratique : Le pari de la fin du monde sur le Nasdaq

Utilisons un exemple chiffré sur le Nasdaq (via l'ETF QQQ) pour comprendre la violence de ce mécanisme.

Le Nasdaq cote autour de 610 $. Vous êtes persuadé qu'une bulle technologique massive est sur le point d'éclater.

Vous appliquez la méthode Spitznagel et achetez un Put très lointain (Strike à 366 $), qui ne vous protègera qu'à partir d'une baisse colossale de **-40 %**.

- **Le Coût :** L'option ne coûte qu'une bouchée de pain. Pour un contrat couvrant 100 actions, vous déboursez seulement **1 100 $**. (Ce qui est une somme dérisoire pour un actif hyper-volatil).

Scénario de la Fin du Monde : Le Nasdaq s'effondre de -50 % !

L'inimaginable se produit. Une crise systémique éclate. Le Nasdaq est divisé par deux et tombe à 305 $.

Soudain, votre petite option achetée 1 100 $ s'active. Elle vous donne le droit absolu de revendre vos actions à **366 $** (votre Strike) alors qu'elles ne valent plus que 305 $ sur le marché.

La différence mathématique est de 61 $ par action. Puisqu'un contrat couvre 100 actions, la valeur de votre Put bondit instantanément à **6 100 $** (uniquement grâce à sa valeur intrinsèque).

Vous venez de multiplier votre mise de départ par **plus de 5,5** !

- **Le résultat de la Panique :** En vérité, vous gagnerez encore beaucoup plus ! Car pendant le krach, la volatilité (l'indicateur VIX) va littéralement crever le plafond. La valeur de votre option va être propulsée non seulement par la chute vertigineuse du prix, mais aussi par la panique des autres investisseurs qui seront prêts à payer n'importe quel prix pour vous racheter votre protection. Vos 1 100 $ initiaux pourraient très facilement se transformer en 10 000$ ou 15 000 $ en l'espace de quelques semaines.

L'exemple du monde réel : Le coup de maître du Covid

Si transformer une assurance de 1 100$ en 15 000$ vous semble être une exagération théorique, laissez-moi vous prouver le contraire. Au premier trimestre 2020, alors que la pandémie de Covid-19 figeait l'économie mondiale et que les marchés s'effondraient dans la panique, un homme a fait la une de toute la presse financière internationale (du *Wall Street Journal* à *Bloomberg*). Et oui notre ami Mark Spitznagel.

Grâce à son protocole de protection contre les risques extrêmes décris ci-dessus, son fonds a affiché un rendement hallucinant de **+ 3 612 %** sur le seul mois de mars 2020, clôturant le trimestre à **+ 4 144 %**. Oui vous avez bien lu ! Cela fait réfléchir.

Ceci dit Spitznagel n'a pas plastronné en parlant de don de voyance. Dans la lettre envoyée à ses clients, il a commenté cette performance en rappelant une vérité mathématique implacable : ce gain astronomique n'est pas de la magie, c'est simplement la récompense d'une assurance asymétrique bien calibrée. Pendant des années de marché haussier, Universa a accepté de "saigner" un tout petit peu en payant des primes d'options bon marché, attendant patiemment le jour inévitable où le ciel finirait par tomber. Le jour du krach, l'explosion combinée de la baisse des prix et de la volatilité a transformé ces minuscules primes en un véritable trésor de guerre.

Le Verdict sur la méthode Spitznagel

Cette stratégie est la définition même de "l'anti-fragilité" financière : vous savez exactement ce que vous pouvez perdre au maximum (les 1 100 $ de la prime), mais vos gains en cas de crise majeure sont explosifs et quasiment illimités.

C'est une excellente stratégie d'assurance à très bas coût pour la poche "agressive" de votre portefeuille, si vous craignez le pire. Mais attention, elle demande une psychologie d'acier : il faut être capable de voir ses assurances expirer à zéro année après année, en acceptant de perdre sa mise 99 % du temps, dans l'attente du jour béni où le ciel vous tombera sur la tête.

Aussi cela veut dire que vous souhaitez vous assurer pour des pertes supérieures à 30-40%. C'est possible mais très rare. Et quelque part cela devient plus de la spéculation que de l'assurance.

28. Le Collar : Comment financer son assurance (Le Buffer "Fait Maison")

Jusqu'à présent, nous avons un problème : l'assurance, même raisonnable (le Put OTM), coûte de l'argent. Payer 1,8 % à 3,5 % par an pour se protéger d'un krach est un excellent compromis, mais cela reste une dépense qui vient amputer la rentabilité de votre portefeuille.

Et si je vous disais qu'il existe une technique utilisée par les milliardaires et les grands fonds pour que cette assurance **ne leur coûte absolument rien** ?

Cette stratégie s'appelle le **Collar** (le "Tunnel" en français).

Le Concept : Louer le dernier étage pour payer l'assurance incendie

Pour comprendre le Collar, reprenons notre analogie immobilière. Vous possédez un bel immeuble (votre portefeuille d'actions). Vous voulez l'assurer contre l'incendie (acheter un Put), mais la prime coûte cher.

Que faites-vous ? Vous décidez de louer le dernier étage de votre immeuble à un locataire. Le loyer que vous allez percevoir va payer exactement la facture de votre assurance incendie.

- Le piège ? Si l'immeuble prend énormément de valeur, le dernier étage appartiendra au locataire. Vous avez plafonné vos gains.

En Bourse, "louer le dernier étage" s'appelle **Vendre un Call (Une option d'achat couverte)**.

- **Étape 1 :** Vous achetez un Put OTM (par exemple à -15 %) pour protéger votre portefeuille contre un krach. Vous payez une prime.
- **Étape 2 :** Vous vendez immédiatement un Call OTM (par exemple à +15 %). Vous donnez le droit à un autre investisseur de vous racheter vos actions si elles montent de plus de 15 %. En échange de ce droit, cet investisseur vous verse une prime en cash.

La Magie Mathématique (Le Zéro Coût)

C'est ici que l'ingénierie financière devient un art. L'objectif du Collar est de faire en sorte que **l'argent que vous encaissez en vendant le Call finance l'argent que vous dépensez pour acheter le Put.** Le coût final de votre assurance devient nul ou quasi-nul. On appelle cela un *Zero-Cost Collar*.

Le Cas Pratique : Le Collar sur le S&P 500 (Le vrai prix de l'assurance gratuite) Faisons parler nos chiffres réels du 22 février 2026. Le S&P 500 (via l'ETF SPY) est à environ 690 $.

- **La Règle d'or absolue :** Pour faire un Collar, vous devez obligatoirement posséder le sous-jacent, c'est-à-dire détenir **100 actions SPY**. Au prix de 690 $ l'action, votre capital investi est donc de **69 000 $**.
- **L'Achat du Put (-15 %) :** Vous voulez protéger ces 69 000 $pendant près d'un an (327 jours) contre toute baisse supérieure à 15 % (Strike à 585$). D'après nos données, cette protection vous coûte 16,10 $ par action, soit **1 610$** à débourser.
- **La Vente du Call (+10 % / +15 %) :** Pour financer cette dépense de 1 610 $, vous vendez une option d'achat.

- Si vous vendez le Call à **+15 %** (Strike 795), un acheteur optimiste vous paie 10 $ par action, soit **1 000$** de prime encaissée. Votre assurance d'un an ne vous coûte plus que **610$ net** (moins de 0,9 % de votre capital !).
- Si vous êtes prêt à plafonner vos gains un peu plus bas, à **+10 %** (Strike 760), l'acheteur vous paie 19 $ par action, soit **1 900$** encaissés.

Le Bilan (La création du Tunnel) : Dans ce deuxième exemple, vous avez payé 1 610$ pour le Put, mais vous avez reçu 1 900$ pour le Call. **Vous avez gagné 290$ pour être assuré !** Vous êtes payé pour protéger votre portefeuille.

Le Scénario à l'expiration : Le Tunnel

Vous venez de créer votre propre "Tunnel" de performance. Votre portefeuille va évoluer pendant un an avec deux murs infranchissables :

1. **Le pire des cas (Le Krach) :** Le marché s'effondre de -40 %. Votre perte est mathématiquement bloquée à -15 %. Vous êtes sauvé, et cela ne vous a rien coûté en frais d'assurance.
2. **L'année normale (La stagnation ou petite hausse) :** Le marché fait +8 %. Votre Put expire à zéro, le Call de votre acheteur expire à zéro. Vous conservez vos actions qui ont pris 8 %, l'opération reste blanche.
3. **Le meilleur des cas (L'Euphorie) :** Le marché explose de +30 %. C'est ici que vous "payez" psychologiquement votre assurance : vos gains sont bloqués à +10 % (ou +15 % selon le Call choisi). L'acheteur de votre Call exerce son droit et vous prend vos actions à ce prix. Vous avez raté la fin de la grande hausse.

Illustration graphique :

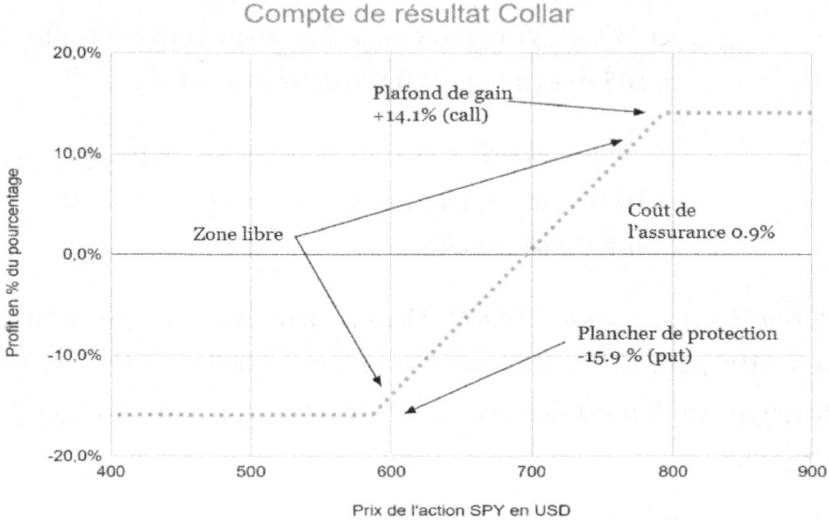

Figure 11 : Le graphe du collar premier exemple avec plafond et plancher à 15%

Contrairement aux stratégies précédentes, remarquez comment la ligne en pointillés est ici "coupée" aux deux extrémités. C'est l'essence même du *Collar* : un compromis visuel et mathématique.

- Le plancher de sécurité : La ligne s'aplatit en bas grâce au Put que vous avez acheté. Quelle que soit la violence du krach, votre perte est arrêtée net.
- Le plafond de verre : C'est le sacrifice de la stratégie. La ligne s'aplatit en haut car vos gains sont bridés par le Call que vous avez vendu pour financer votre assurance.
- Le bonus invisible (Les Dividendes) : Il y a un avantage massif qui ne se voit pas sur ce tracé géométrique. Pendant la durée de cette opération (mis à part une hausse bien supérieure à 15%), vous restez l'heureux propriétaire de vos actions et vous continuez d'encaisser 100 % de vos dividendes ! Le coût de l'assurance était de

0.9%, ça tombe bien les 1.3% - 1.5% actuels de dividendes du S&P la compense plus que largement.

Attendez... cela ne vous rappelle rien ?

Si vous avez lu attentivement le Chapitre 6, cette mécanique doit vous sauter aux yeux. Un bouclier qui bloque la baisse à -15 % en l'échange d'un plafond de gains... **C'est exactement la définition d'un ETF Buffer !**

Les gérants des ETF Buffer ne font pas de magie : ils font des Collars avec votre argent.

Alors, pourquoi s'embêter à faire soi-même un Collar avec des options plutôt que d'acheter un ETF Buffer en un clic ? Pour trois raisons fondamentales qui font toute la différence :

1. **Le Sur-mesure absolu :** L'ETF Buffer vous impose ses règles. Avec votre propre Collar, vous choisissez vos niveaux. Vous voulez une franchise de -20 % financée par un Call à +15 % ? Vous pouvez le construire.

2. **L'absence de frais de gestion :** L'ETF Buffer vous facture des frais de gestion annuels. En faisant le Collar vous-même, vous ne payez que les frais de transaction de votre courtier.

3. **Le Piège des Dividendes (La cerise sur le gâteau) :** Nous avons vu au Chapitre 3 que l'ETF Buffer confisque les dividendes du S&P 500. En réalisant vous-même un Collar sur des actions que vous détenez *déjà*, **vous continuez de percevoir l'intégralité de vos dividendes !** Sur 20 ou 30 ans, cet écart représente une fortune absolue.

L'Avertissement : Une arme réservée aux spécialistes

Si le Collar est supérieur à l'ETF Buffer sur le papier, **c'est une technique très avancée.** Ne vous lancez jamais dans cette stratégie sans une maîtrise absolue des options. Il est capital que votre vente de Call soit *couverte* (d'où le nom de *Covered Call*). Cela signifie que vous devez obligatoirement posséder les 100 actions sous-jacentes. Comme nous l'avons vu, sur un ETF S&P 500 comme le SPY, cela représente un capital bloqué de près de **70 000$** pour un seul contrat !

Construire son Buffer soi-même offre une flexibilité redoutable et sauve vos dividendes, mais c'est complexe, cela exige un capital conséquent et un suivi rigoureux. Si vous n'êtes pas un spécialiste du sujet, les ETF Buffer restent une alternative "prête à l'emploi" redoutablement efficace.

29. L'Illusion de la Gratuité : Le Piège Mortel de l'Ordre "Stop-Loss"

Nous voici au terme de notre exploration des outils anti-krach. Nous avons vu comment les professionnels utilisent les Options, les ETF Buffer ou les stratégies de Collar pour sanctuariser leur patrimoine.

Mais je sais exactement ce qu'une petite voix dans votre tête est en train de vous murmurer. L'objection numéro un de l'investisseur particulier, c'est celle-ci :

"David, c'est bien beau tout ça, mais pourquoi devrais-je m'embêter à payer une prime d'option ou à plafonner mes gains ? Il me suffit de placer un ordre Stop-Loss à -15 % sur mon application de courtage. Si le marché chute, mes actions seront vendues automatiquement. C'est 100 % gratuit et ça fait le même travail !"

Si vous pensez cela, asseyez-vous. Vous êtes sur le point de commettre l'une des pires erreurs de votre vie d'investisseur.

Le Stop-Loss n'est pas une assurance. C'est un simple ordre d'exécution informatique. Et l'utiliser comme un bouclier de long terme va vous faire tomber dans deux pièges redoutables.

Le Piège n°1 (Le plus destructeur) : Le Cauchemar du Réinvestissement

C'est le point crucial que tout le monde oublie. Admettons que votre Stop-Loss mécanique fonctionne parfaitement. Le marché chute de 15 %, votre ordre se déclenche, vos actions sont vendues. Vous avez "sauvé" votre capital d'une baisse plus profonde. Bravo.

Mais maintenant, le piège se referme : vous vous retrouvez avec un compte rempli à 100 % de liquidités (de cash). **Et que faites-vous ? À quel moment rentrez-vous de nouveau sur le marché ?**

C'est ici que la psychologie humaine va vous détruire. En pleine panique boursière, le sang coule dans les rues et les nouvelles à la télévision sont apocalyptiques. Tétanisé par la peur, vous allez vous dire : *"Je vais attendre que ça se calme un peu et que l'économie aille mieux avant de racheter."* Mais la Bourse ne prévient jamais quand elle rebondit, et elle anticipe toujours l'économie réelle. Les plus fortes hausses de l'histoire ont souvent lieu en plein cœur des pires marchés baissiers (les fameux rebonds en "V"). Le temps que vous soyez rassuré et que vous décidiez de réinvestir votre cash, le marché aura déjà repris 20 % ou 30 %.

Le Bilan : Vous êtes tombé dans l'erreur classique du particulier qui panique. Vous avez vendu au plus bas, et vous rachetez quand c'est plus cher. Vous avez matérialisé votre perte, et vous avez raté la phase de récupération. Vous avez payé "gratuitement" pour vous ruiner.

C'est toute la magie des vrais outils de protection que nous avons vus (comme les ETF Buffer ou les Puts) : **avec ces outils, vous restez investi !** Vous avez le temps de laisser passer l'orage sans jamais sortir du marché. Si la Bourse rebondit violemment le lendemain, vos actions sont toujours là pour capter la hausse.

Le Piège n°2 : L'Exécution Aveugle (Flash Crash et Trous d'air)

Outre le problème psychologique du réinvestissement, le Stop-Loss souffre de graves défauts mécaniques qui le rendent inopérant lors des vraies crises :

- **Le Coup de Fouet (Flash Crash) :** Un algorithme de trading déraille et le marché plonge de -15 % en 10 minutes. Votre Stop-Loss se déclenche et vend toutes vos actions en pleine panique. Une heure plus tard, le marché remonte instantanément à son point de départ. Vous êtes éjecté du train avec une perte de -15 % définitive, alors que la journée se termine à l'équilibre pour ceux qui n'ont rien fait.
- **Le Trou d'Air (Gap Baissier) :** Même si un indice large perd rarement 10 % en une seule nuit d'ouverture, des baisses brutales de 3 % à 5 % à la cloche du matin arrivent souvent en cas de choc géopolitique (et sur des actions individuelles, des chutes nocturnes de 20 % sont monnaie courante). Si le marché ouvre *en dessous* de votre seuil de Stop-Loss, votre ordre se transforme en ordre de vente "au prix du marché". Vos actions sont vendues au premier prix disponible, souvent bien plus bas que la limite que vous pensiez avoir fixée.

Conclusion de la Partie III : Quel bouclier êtes-vous ?

Nous voici à la fin de notre inspection de l'arsenal anti-krach. Le voyage a été dense. Nous avons exploré les bas-fonds de Wall Street et décortiqué les outils que les professionnels utilisent pour survivre aux tempêtes.

Si vous devez retenir une seule leçon de cette troisième partie, c'est celle-ci : **la protection parfaite et gratuite n'existe pas.** Si c'est gratuit (comme le Stop-Loss), c'est une illusion dangereuse.

- Si c'est un pari asymétrique (comme la Vente à découvert ou le VIX), c'est souvent trop complexe et trop coûteux à maintenir en temps de paix.
- Si vous déléguez à un fonds spécialisé, les frais et la structure rongeront votre capital.

Au final, après avoir éliminé les mauvaises herbes, il ne reste que **trois véritables voies** pour l'investisseur averti. Votre choix dépendra principalement de votre niveau d'expérience, de la taille de votre portefeuille, de vos objectifs et de votre psychologie.

1. La Voie de la Simplicité : Les ETF Buffer (La solution "Clés en main")

Si vous n'avez ni le temps, ni l'envie d'apprendre la mécanique des produits dérivés, et que vous ne possédez pas un capital suffisant pour acheter des actions par lots de 100, les ETF Buffer sont votre meilleur allié.

C'est la solution de facilité par excellence. En un seul clic, vous déléguez la création d'un "Tunnel" (un Collar) à un gérant professionnel. Vous acceptez de plafonner vos gains en échange d'une franchise garantie contre la baisse. C'est simple, c'est propre, et cela vous empêchera de paniquer lors du prochain krach. Le prix à payer ? Quelques frais de gestion et le sacrifice de vos dividendes. Pour la majorité des investisseurs particuliers, c'est un compromis exceptionnel.

2. La Voie de la Maîtrise : Les Options (L'outil ultime et sur-mesure)

Si vous êtes prêt à passer à la vitesse supérieure, si vous possédez déjà un portefeuille conséquent (notamment des blocs de 100 actions) et que vous souhaitez reprendre le contrôle total de votre patrimoine, les Options (Puts et Vente de Calls) sont l'arme absolue.

C'est la haute couture de la finance. Avec les options, vous décidez de tout : le niveau exact de votre protection, la durée de votre assurance, et le financement de celle-ci (via un Collar fait maison par exemple). Mieux encore, vous conservez vos dividendes et vous maîtrisez vos frais. C'est plus complexe, cela demande de l'éducation financière et un suivi rigoureux, mais c'est la seule méthode qui vous permet de créer une protection 100 % personnalisée et optimale.

3. La Voie de l'Acceptation : Le choix conscient de ne pas s'assurer

Il existe une troisième alternative, tout à fait convenable et redoutablement efficace : décider consciemment de ne pas acheter d'assurance du tout.

Attention, il ne s'agit pas de la naïveté du débutant qui ferme les yeux, mais d'un choix stratégique assumé. Si vous avez pris le temps de construire un portefeuille robuste, diversifié et tout-terrain (comme nous l'avons vu dans la Partie 2), son architecture même est déjà une première ligne de défense. Si vous acceptez la volatilité et que vous êtes prêt à encaisser le choc sans paniquer, vous économisez 100 % des frais d'assurance. Mais cette voie a une condition stricte : vous devez avoir conservé des liquidités (du cash) et une psychologie d'acier pour passer à l'offensive le moment venu.

Et maintenant ?

Que vous ayez opté pour la simplicité du Buffer, la précision chirurgicale des Options, ou le courage d'affronter la tempête à mains nues grâce à un portefeuille structurellement solide... vous êtes désormais prêt. Vous avez enfilé votre gilet de sauvetage ou construit un navire insubmersible.

Mais survivre au naufrage n'est que la moitié du chemin.

La véritable création de richesse générationnelle, celle qui sépare les bons investisseurs des légendes de la finance, ne se joue pas avant le krach... **elle se joue pendant.**

Une fois que la tempête a éclaté, que le monde panique, que le sang coule dans les rues et que vous avez du cash à disposition... que faites-vous ? Dans quoi faut-il réinvestir ? Comment dompter sa propre psychologie quand tout s'effondre autour de soi ?

C'est exactement ce que nous allons voir dans la Quatrième et dernière partie de ce livre : **L'Art de profiter du Krach**

PARTIE IV :

LE CALME DANS LA TEMPÊTE (L'ART DE PROFITER DU KRACH)

Dans les trois premières parties de ce livre, nous avons fait le plus dur : nous avons préparé le terrain. Vous avez appris à décrypter la folie des marchés, à construire un portefeuille tout-terrain, et à vous équiper d'un arsenal anti-krach redoutable. Bref, vous avez construit un navire insubmersible, prêt à affronter la pire des tempêtes.

Mais survivre à la tempête n'est pas une fin en soi. Si votre seul objectif est de ne pas perdre d'argent, vous passez à côté (volontairement ou non) de l'essence même de l'investissement.

Les plus grandes fortunes mondiales ne se sont pas construites pendant les longues années de hausse tranquille, où tout le monde gagne un peu d'argent en pilote automatique. Elles se sont forgées dans le chaos. Le sang dans les rues, la panique généralisée, les unes anxiogènes des journaux... pour 99 % des investisseurs, c'est l'apocalypse. Pour l'investisseur serein, c'est tout simplement le premier jour des soldes.

Imaginez que les plus belles entreprises du monde, celles qui impriment littéralement de l'argent année après année et dominent la planète, soient soudainement affichées à -40 % ou -50 % de leur valeur réelle. Pourquoi ? Simplement parce que la foule a cédé à la panique et a jeté ses actions par la fenêtre.

Face à cette irrationalité, allez-vous rester caché dans votre bunker avec votre gilet de sauvetage ? Non. Vous allez sortir, calmement, prendre votre caddie et faire vos courses.

C'est tout l'objet de cette quatrième partie. Nous allons délaisser nos boucliers pour passer à l'offensive. Mais il ne s'agira pas d'une attaque frénétique. Ce sera une approche rationnelle, froide et méthodique. De l'utilisation de votre cash à l'automatisation de vos ordres, en passant par des stratégies d'options asymétriques, nous allons voir comment acheter de l'or au prix du plomb.

L'objectif n'est plus de se protéger. L'objectif est de s'enrichir de manière générationnelle. Bienvenue dans **l'art de profiter du krach** avec la force tranquille.

30. Le Premier Coup de Poing (Pourquoi ce chapitre est le plus important du livre)

Si vous ne deviez retenir qu'un seul chapitre de cet ouvrage, lisez celui-ci. Relisez-le deux fois, trois fois s'il le faut.

Dans les trois premières parties de ce livre, nous avons dessiné des plans. Nous avons construit une allocation d'actifs robuste et nous avons sélectionné avec soin les outils de protection pour encaisser les chocs. Sur le papier, tout est parfait. Vous connaissez la théorie.

Mais la théorie a ses limites. Le légendaire boxeur et philosophe (!) Mike Tyson a résumé ce concept mieux que n'importe quel professeur de finance :

> *"Tout le monde a un plan jusqu'à ce qu'il se prenne un coup de poing dans la figure."*

Je ne sais pas dans quel contexte vous vous trouvez au moment où vous lisez ces lignes. Peut-être que le soleil brille sur Wall Street. Ou peut-être, au contraire, que le coup de poing vient de partir.

Si c'est le cas, vous connaissez l'atmosphère. Les indices viennent de dévisser de 30 % ou 40 %. Les experts défilent sur les plateaux pour annoncer l'effondrement imminent du système financier. Vos amis et vos collègues liquident leurs portefeuilles en panique. La peur est palpable, viscérale.

C'est exactement à cet instant précis que votre véritable carrière d'investisseur commence.

Le Génie de la Normalité

Napoléon Bonaparte définissait le génie militaire avec une simplicité déconcertante : *"Le génie, c'est l'homme capable de faire une chose moyenne quand tous les autres autour de lui perdent la tête."*

En Bourse, c'est rigoureusement la même chose. Vous n'avez pas besoin d'être un génie des mathématiques pour vous enrichir pendant un krach. Vous avez simplement besoin de garder la tête froide quand tout le monde perd la sienne. Et croyez-moi, c'est l'exercice le plus difficile au monde. L'être humain est un animal social : notre cerveau est programmé depuis la préhistoire pour fuir quand le reste du troupeau s'enfuit. Faire l'inverse exige un courage monumental.

La Posture de Warren Buffett : Le Jour des Soldes

C'est ici que vous devez adopter la philosophie de Warren Buffett. L'investisseur intelligent ne voit pas un krach boursier comme une tragédie, mais comme une formidable anomalie d'évaluation.

Imaginez que votre concessionnaire automobile solde votre voiture de rêve à -50 %. Allez-vous fuir le magasin en hurlant ? Non. Vous allez l'acheter avec un immense sourire. En Bourse, c'est pareil. Une crise est une opportunité de création de richesse générationnelle qui ne se présente que deux ou trois fois par décennie. C'est le moment d'être avide quand les autres sont terrorisés.

Mon expérience de la crise financière : Le syndrome du lapin dans les phares

Lors de la crise des *subprimes* en 2008, j'étais encore un jeune investisseur. J'avais lu les bons livres, je connaissais bien la théorie. Mais face à la violence inouïe de la chute des marchés, j'ai subi de plein fouet ce que j'appelle le syndrome du lapin pris dans les phares d'une voiture.

Je suis resté pétrifié. Certes, je n'ai pas cédé à la panique (je n'ai rien vendu de mes positions), mais je n'ai absolument rien acheté non plus. J'étais concentré sur les chaînes d'information en continu qui annonçaient l'effondrement imminent du système financier mondial. Pendant ce temps, figé par l'angoisse ambiante, je regardais les soldes du siècle défiler sous mes yeux sans oser appuyer sur le bouton "Acheter".

Avec le recul, j'aurais adoré avoir un livre comme celui-ci entre les mains à l'époque. Au lieu de subir le stress toxique des actualités, je me serais concentré sur mon plan de vol. J'aurais fermé la télévision et j'aurais méthodiquement ramassé des entreprises exceptionnelles à des prix bradés.

À ma décharge, l'écosystème financier de 2008 n'avait rien à voir avec celui d'aujourd'hui. L'information circulait beaucoup moins vite et les outils d'analyse n'étaient pas démocratisés. Il était bien plus difficile de savoir ce que faisaient réellement les professionnels et le *smart money* en temps réel. Aujourd'hui, la transparence est bien plus grande et il est beaucoup plus facile de ne pas naviguer à l'aveugle.

Mais au fond, ce n'est pas grave : j'ai payé pour apprendre. Ce coût d'opportunité (les gains massifs que j'ai manqués au moment du rebond) a été ma meilleure école. C'est précisément cette paralysie qui m'a poussé à forger la discipline implacable que j'applique aujourd'hui, et que je vous transmets dans ce livre.

Créez votre "Bulle de Rationalité" (Comment dompter la solitude du Contrarien)

Puisque faire comme Buffett, c'est-à-dire l'inverse du troupeau est douloureux, vous devez absolument modifier votre environnement pour ne pas craquer. C'est une des leçons que j'ai apprise de 2008. Voici un plan de survie psychologique :

1. La diète médiatique : Éteignez la télévision. Désinstallez les applications d'actualités qui vous envoient des alertes anxiogènes. Le modèle économique des médias est basé sur la vente de la peur. Le vôtre doit être basé sur l'achat de la valeur.

2. Le pouvoir du "Zoom Arrière" : Quand vous sentez la peur monter, regardez le graphique du Dow Jones sur les 110 dernières années.

Figure 12 : Dow Jones depuis 1915

Regardez bien cette courbe. Elle inclut la Grande Dépression de 1929, la Seconde Guerre mondiale, le choc pétrolier de 1973, l'éclatement de la bulle internet en 2000, la crise des subprimes de 2008 et la pandémie mondiale de 2020. Sur le moment, chacune de ces crises semblait être la fin du monde. Pourtant, sur un siècle, ce ne sont que souvent de minuscules nids-de-poule dans une tendance haussière irrésistible. *Howard Marks le rappelle : la fin du monde n'arrive qu'une fois, parier dessus est un très mauvais calcul.*

3. Immergez-vous dans le positif : Puisque vos voisins vont paniquer, cherchez d'autres mentors. Lisez des livres d'histoire financière pour vous rappeler que toutes les crises finissent par passer. Regardez des vidéos

YouTube d'investisseurs rationnels de long terme qui profitent de la baisse pour acheter.

4. Ne restez pas seul : Entourez-vous de gens qui voient le verre à moitié plein. Je suis moi-même passé par ces périodes de doute, et c'est pour cela que je suis là. N'hésitez pas à m'envoyer un email à **david@krachboursier.com**, et abonnez-vous à ma newsletter sur **www.krachboursier.com**. Rejoignez une communauté de gens qui voient les krachs comme des opportunités, pas comme des condamnations.

L'Arme Ultime : Le Contrat d'Ulysse (La lettre à vous-même)

Dans la mythologie grecque, Ulysse savait que le chant des sirènes allait le rendre fou et le pousser à jeter son navire sur les récifs. Pour survivre, il a pris une décision vitale *avant* d'entendre le chant : il s'est fait attacher au mât par ses marins avec l'ordre strict de ne pas le libérer, quoi qu'il hurle et les supplie.

Vous devez faire votre propre "Contrat d'Ulysse". Aujourd'hui, à froid, alors que vous êtes rationnel et détendu, prenez un stylo et écrivez-vous une lettre. Notez-y votre plan d'action, les raisons pour lesquelles vous avez mis en place vos protections, et rappelez-vous pourquoi une chute des marchés est une opportunité d'achat inespérée.

Cachez cette lettre dans votre tiroir. Le jour où le marché s'effondrera et où les sirènes de la panique médiatique vous hurleront de tout vendre, ouvrez ce tiroir. Relisez les mots de votre "vous rationnel" pour faire taire votre "vous paniqué".

La Discipline de l'Exécution

Dans les chapitres qui vont suivre, je vais vous montrer exactement *quoi* faire. Je vais vous donner les stratégies (le cash, les arbitrages, les options) pour ramasser les pépites laissées sur le trottoir par la foule en déroute.

Vous saurez mathématiquement comment vous enrichir au milieu des décombres.

Mais ces méthodes ne valent strictement rien si vous restez tétanisé. Le savoir est la théorie, l'exécution est la discipline. Ne gaspillez pas cette occasion historique par paralysie.

Respirez un grand coup, rejoignez le camp des optimistes, et préparons-nous à faire nos courses.

31. Les Réserves Stratégiques (Le Paradoxe du Cash)

Dans le monde de la finance, il existe un grand débat théorique sur la gestion des liquidités. La théorie académique pure et dure vous dira que le cash est un actif mort. Avec l'inflation, conserver des liquidités revient à laisser fondre un glaçon dans sa main. La règle d'or des manuels scolaires est donc d'être investi à 100 % en permanence.

Certains grands fonds appliquent cette règle à la lettre. Mais si vous regardez le plus grand investisseur de tous les temps, Warren Buffett, vous remarquerez qu'il est rarement investi à 100 %. Sa société, Berkshire Hathaway, conserve souvent des dizaines (parfois des centaines) de milliards de dollars en liquidités.

Pourquoi ? Parce que le cash, bien qu'il ne rapporte rien (ou très peu) en temps de paix, possède une valeur inestimable en temps de crise : **c'est le billet d'entrée prioritaire pour faire les soldes.**

La grande question qui tourmente tous les investisseurs est donc la suivante : *Combien de cash faut-il avoir de côté ?*

La Jauge Organique (Le Krach-O-Mètre)

De mon point de vue, il n'y a pas de pourcentage magique figé dans le marbre. La taille de votre réserve de liquidités ne doit pas être dictée par la peur, mais par la valorisation du marché. J'utilise pour cela les indicateurs de valorisation que nous avons vus précédemment (mon "Krach-O-Mètre").

- Si le marché vient de s'effondrer et que les belles entreprises sont bradées, mon niveau de cash tend vers **0 % à 5 %**. Tout est investi.
- Si le marché bat des records d'euphorie, que tout est hors de prix et que les valorisations sont délirantes, mon niveau de cash peut monter jusqu'à **15 % ou 20 %**.

Attention, il ne s'agit absolument pas de faire du *Market Timing* (essayer de deviner les hausses et les baisses pour tout vendre ou tout acheter d'un coup). C'est un processus **totalement naturel et organique**.

Chaque mois, chaque année, vous générez du cash (via les dividendes perçus, vos revenus salariaux, ou la vente d'une action devenue trop chère). Si le marché est cher et que vous ne trouvez rien d'intelligent à acheter à un prix raisonnable... vous ne forcez pas l'achat. Vous attendez. Le cash s'accumule de lui-même. Si demain c'est les soldes, vous claquez cette réserve. C'est aussi simple que cela.

La Preuve par les Chiffres : Pourquoi trop de cash tue le cash

Toutefois, il faut tordre le cou à une illusion très répandue. Beaucoup d'investisseurs terrorisés par le prochain krach gardent d'énormes réserves de cash (30 %, 40 %, 50 %) en attendant "le grand jour". C'est une erreur mathématique.

J'ai fait tourner les chiffres et réalisé plusieurs simulations pour vous le prouver.

Imaginons deux investisseurs :

- **Marc** écoute la théorie et est investi à 100 %.
- **Luc** est plus prudent, il est investi à 75 % et garde jalousement 25 % de cash.

Simulation n°1 : Le Krach immédiat

Un krach survient demain. Luc, ravi, déploie son cash méthodiquement : il réinvestit 5 % de son capital à chaque fois que le marché baisse d'un palier (-20%, -25%, -30%, -35%, -40%). Marc, lui, subit la baisse sans pouvoir rien faire.

À la fin du krach, Luc le "chasseur de bonnes affaires" finit avec environ **11 % d'actions en plus** que Marc. C'est bien, mais avouons-le : ce n'est pas un écart monumental au vu des efforts psychologiques déployés.

Simulation n°2 : Le Krach après l'euphorie (Le scénario réaliste)

Maintenant, regardons ce qui se passe dans la vraie vie. Les krachs n'arrivent pas sur commande. Imaginons que le marché connaisse plusieurs années de forte hausse (ex: +15 % à +20 % par an) avant de finalement s'effondrer de -40 % la sixième année.

Dans ce scénario, Luc a gardé ses 25 % de cash pendant 5 ans. Même en ayant prudemment placé ce cash à un taux sans risque de **4 % par an**, il a raté une grande partie de la hausse spectaculaire des actions. Et même en rachetant agressivement au fond du trou pendant le krach de la sixième année, le résultat est cruel : **Luc finit avec presque 8 % de patrimoine en MOINS que Marc (investi à 100 %).** C'est ce qu'on appelle le *Cash Drag* (le coût d'opportunité). Attendre une crise coûte souvent beaucoup plus cher que la crise elle-même. La leçon est claire : garder une montagne de cash en espérant le point bas absolu demande beaucoup d'efforts et de sacrifices pour un résultat mathématiquement décevant sur le long terme.

Les Générateurs de Cash "Invisibles"

Si garder trop de liquidités est une erreur, comment faire pour avoir des munitions le jour J ? La réponse est qu'il n'y a pas que l'épargne qui génère du cash.

1. **Votre arsenal de protection (La Partie 3) :** Si vous avez mis en place des couvertures comme celles décrites dans la Partie 3, votre besoin en liquidités dormantes est drastiquement réduit.
   - Si vous avez acheté des *Puts* (options de vente), leur valeur va exploser pendant le krach. Vous pourrez revendre ces options avec un profit massif, générant ainsi une montagne de cash immédiat en plein cœur de la crise pour racheter des actions soldées.
   - Si vous possédez des *ETF Buffer*, vos pertes sont limitées. Vous avez donc mécaniquement moins besoin de cash pour "sauver" votre portefeuille.
2. **Votre Capital Humain (L'ultime ressource) :** On l'oublie souvent, mais si votre compte de courtage n'a plus un centime de liquidité, c'est le moment d'utiliser votre principal moteur d'enrichissement : vous-même. Vos revenus, votre travail, vos primes ou vos économies mensuelles sont des flux de trésorerie formidables. En pleine crise, chaque euro dégagé de votre salaire et envoyé sur votre compte d'investissement a le pouvoir d'achat de deux euros en temps normal.

En conclusion, le cash est un outil, pas une finalité. Ne soyez pas obsédé par l'idée d'en accumuler des montagnes au détriment de vos rendements. Ayez-en un peu pour la tranquillité d'esprit et utilisez vos protections pour en générer le moment venu. Dans le chapitre suivant nous verrons une autre méthode pour générer du cash.

32. La Rotation Sereine (L'Art de l'Arbitrage Sectoriel)

Dans le chapitre précédent, nous avons vu que conserver des montagnes de cash inactif était une erreur mathématique. Mais une question légitime se pose : le jour où le marché s'effondre et où les actions sont bradées à -40 %, comment faites-vous pour faire vos courses si vous n'avez "que" 5 % de liquidités sur votre compte ?

C'est ici qu'intervient la magie d'un portefeuille bien construit (comme nous l'avons vu dans la Partie 2). Vous n'avez pas besoin d'injecter de l'argent frais, car votre portefeuille contient déjà sa propre réserve de valeur. Il suffit d'appliquer l'une des règles les plus vieilles et les plus rentables de la finance : **l'arbitrage**.

L'arbitrage consiste simplement à vendre ce qui est devenu cher pour acheter ce qui ne vaut plus rien. Ce n'est pas une obligation absolue pour réussir en Bourse, mais c'est une technique redoutable pour générer des liquidités "sur commande" et se concentrer sur les secteurs à plus fort potentiel.

Vendre la Peur pour acheter la Valeur

Pendant un krach, la panique provoque des mouvements violents, mais ils ne sont jamais uniformes. Pendant que certains secteurs s'effondrent, d'autres jouent le rôle de bouclier.

Si vous avez suivi les préceptes de la Partie 2, vous possédez dans votre portefeuille des secteurs défensifs (la Santé, les Biens de consommation de base, et les Services publics/Utilities).

Quand le monde panique, les investisseurs se ruent sur ces valeurs refuges. Mécaniquement, leur prix monte ou se maintient remarquablement bien face au chaos. C'est le moment d'être pragmatique. Vos boucliers ont parfaitement joué leur rôle ? Le monde entier s'y accroche pour se rassurer ? Vendez-en une partie ! Encaissez votre capital préservé avec le sourire. Vous venez de transformer vos protections en une montagne de liquidités prêtes à être déployées au cœur même de l'incendie.

Identifier l'épicentre (Où faire ses courses ?)

Dans chaque crise, il y a un secteur qui est considéré comme le coupable ou la victime principale. C'est là que la baisse est la plus irrationnelle, et c'est donc là que le rebond sera le plus violent.

- **La Technologie (L'élastique) :** Traditionnellement, les valeurs technologiques (le Nasdaq) sont les premières à s'effondrer. Ce sont des actions de "croissance" très sensibles aux taux d'intérêt et à la panique. Mais ce sont aussi des entreprises qui génèrent des marges colossales. Elles agissent comme un élastique : plus on tire fort vers le bas, plus le retour de bâton vers le haut est explosif.

- **Les "Cygnes Noirs" sectoriels :** En 2008, l'épicentre du krach était le secteur bancaire et immobilier. En 2020 (Covid), c'était le tourisme, les compagnies aériennes et l'énergie.

Le Balancier des Secteurs (Les premiers seront les derniers)

Pour savoir où réinvestir ce cash fraîchement généré, il faut comprendre un principe fondamental de la Bourse : le retour à la moyenne.

Souvent, les secteurs qui ont le mieux performé les années précédentes sont ceux qui chuteront le plus lourdement. Et inversement, les secteurs qui ont été massacrés reviennent généralement prendre une éclatante revanche l'année suivante.

Si vous voulez visualiser ce phénomène fascinant, je vous invite d'ailleurs à consulter l'excellent site *NovelInvestor.com* (dans leur section "Sector Performance"). Ils publient un tableau périodique des rendements par secteur d'année en année. C'est un outil visuel fantastique qui prouve que les vainqueurs d'hier sont souvent les perdants de demain.

> *L'Étude de Cas Parfaite : La Tech vs l'Énergie (2022-2023)*
>
> *L'année 2022 est un cas d'école de rotation sectorielle. Face à la montée des taux d'intérêt, le secteur de la Technologie (le chouchou des années précédentes) a été massacré. L'indice Nasdaq 100 a plongé de près de -33 %. Pendant ce temps, qui caracolait en tête ? Le secteur de l'Énergie, avec une hausse stratosphérique de plus de 60 %. Loin derrière l'énergie en termes de performance, mais jouant parfaitement leur rôle de rempart, on retrouvait les trois seuls autres secteurs qui ont résisté à la tempête en restant remarquablement stables : les Biens de consommation de base, la Santé et les Utilities (exactement notre portefeuille défensif de la Partie 2 !).*
>
> *L'investisseur serein a regardé ce tableau froidement. Il a vendu une partie de son Énergie (s'il en avait) et de ses actions défensives (restées stables) pour racheter de la Technologie bradée.*
>
> *Que s'est-il passé l'année suivante, en 2023 ? La revanche absolue. La Technologie a explosé de +54 % (le meilleur secteur de l'année), tandis que l'Énergie et les Utilities ont stagné ou lourdement chuté, finissant bons derniers du classement.*

Le Bouclier de l'ETF (Comment éviter les faillites)

Cependant, investir au cœur du cyclone comporte un risque mortel : celui de choisir la mauvaise entreprise.

Dans chaque crise, il y a un secteur qui est l'épicentre du krach. En 2008, c'était le secteur bancaire. En 2020, c'était le tourisme et les compagnies aériennes. Un investisseur rationnel aurait pu se dire en 2008 : *"C'est le moment d'acheter des banques !"* Mais s'il avait choisi d'acheter l'action *Lehman Brothers* ou *Washington Mutual*, il aurait tout perdu. Le prix est tombé à zéro.

Si vous avez peur des faillites ou que vous n'avez pas le temps d'éplucher les bilans comptables pour trouver les survivants, il existe une parade absolue : **l'ETF sectoriel**.

Au lieu de chercher une aiguille dans une botte de foin, achetez toute la botte. En 2008, au lieu d'acheter une banque spécifique, l'investisseur serein pouvait simplement acheter le "XLF" (l'ETF qui regroupe toutes les banques américaines). Bien sûr, l'ETF contenait les quelques banques qui allaient faire faillite, mais il contenait surtout toutes les autres qui allaient survivre et voir leur cours tripler. En achetant l'ETF, vous éliminez totalement le risque de faillite individuelle (une industrie entière ne fait jamais faillite), tout en capturant 100 % de l'élan du rebond.

La rotation sereine, c'est cela : vendre poliment des actifs qui ont brillé (ou qui sont restés de marbre), pour racheter des secteurs massacrés sous forme d'ETF. Sans émotion, sans pari risqué, avec la régularité d'un métronome.

Et maintenant que cette mécanique redoutable nous a permis de générer de précieuses liquidités en pleine tempête boursière, il ne nous reste plus qu'une seule chose à faire : les utiliser intelligemment pour faire nos emplettes. Comment savoir exactement quoi acheter au milieu du chaos sans céder à la panique ambiante ? C'est précisément ce que nous allons préparer, au calme, dans les chapitres suivants.

33. La Liste de Courses (Préparer les Soldes à Tête Reposée)

Imaginez que vous deviez faire vos courses le jour du *Black Friday*. Le magasin est bondé, les gens se battent pour des téléviseurs, la musique hurle et les panneaux clignotent avec des remises absurdes de -80 %. Si vous y allez sans savoir ce que vous voulez, vous finirez par acheter une machine à gaufres inutile simplement parce qu'elle était bradée.

En Bourse, le jour d'un krach, c'est le *Black Friday* puissance mille.

C'est pourquoi l'investisseur serein ne se rend jamais sur les marchés les mains vides. Il possède une arme secrète, préparée de longue date, dans le calme absolu de son bureau : **sa Watchlist (sa liste de courses).**

La Règle d'Or : Avant la Tempête, Jamais Pendant

Il est absolument impératif de construire cette liste *avant* que le krach ne survienne. Pourquoi ? Parce que lorsque le marché dévisse de 40 % et que les médias hurlent à la fin du monde, vous serez psychologiquement influencé par la peur ambiante. Vous perdrez votre lucidité.

Si vous devez commencer à analyser des bilans comptables et à calculer la valeur d'une entreprise pendant que votre portefeuille saigne, vous serez paralysé. À l'inverse, si vous avez fait ce travail un dimanche après-midi, à tête reposée, alors que le marché était calme, vous n'aurez plus besoin de réfléchir le jour J. Vous n'aurez qu'à exécuter votre plan froidement. Bien sûr, si le krach modifie fondamentalement le modèle économique de l'entreprise (par exemple, une pandémie mondiale qui cloue définitivement au sol une compagnie aérienne), il faudra adapter votre liste. Mais dans 95 % des cas, les entreprises solides restent solides, seul leur prix s'effondre à cause de la panique générale.

Le Piège du Prix : Une poubelle à -80 % reste une poubelle

C'est ici que les investisseurs amateurs commettent leur erreur la plus coûteuse. Pendant un krach, ils regardent la colonne des "Plus fortes baisses" sur leur application boursière et se disent : *"Cette action valait 100 $, elle n'en vaut plus que 20 $ (-80 %). C'est une affaire en or !"*

C'est faux. En Bourse, une action pourrie qui a perdu 80 % de sa valeur est toujours une action pourrie. Pire encore, elle a souvent perdu 80 % pour une excellente raison : elle est au bord de la faillite. Concentrer vos liquidités sur les entreprises de mauvaise qualité sous prétexte qu'elles sont très bradées est le meilleur moyen de voir votre argent tomber à zéro.

La Philosophie de Buffett : Chercher l'Extraordinaire

Pendant un krach boursier, *tout* baisse. Les mauvaises entreprises comme les excellentes. La panique est aveugle. C'est donc le moment inespéré pour acheter l'élite du marché mondial : les entreprises de très haute qualité, disposant de monopoles, de marges colossales et de bilans forteresses. Ces entreprises survivront toujours au krach, et ce sont elles dont le cours explosera le plus fort lors de la reprise.

Warren Buffett a résumé cette philosophie en une phrase restée fameuse :

> *"Il est de loin préférable d'acheter une entreprise extraordinaire à un prix ordinaire, plutôt qu'une entreprise ordinaire à un prix extraordinaire."*

En temps normal, les "entreprises extraordinaires" sont beaucoup trop chères. Le marché connaît leur valeur et fait payer le prix fort pour en devenir actionnaire. Mais pendant un krach, l'irrationalité l'emporte. Une entreprise magnifique qui perd 50 % de son cours de Bourse alors que ses usines tournent à plein régime et que ses produits se vendent toujours... voilà la véritable opportunité d'une vie.

Prix vs Valeur Intrinsèque

Pour réussir cette liste de courses, vous devez faire un dernier effort psychologique : détachez vos yeux du prix de l'action qui clignote en rouge sur votre écran. Ce prix n'est que l'humeur du marché à un instant T.

Concentrez-vous plutôt sur la *valeur intrinsèque* de l'entreprise. Est-ce que ses bénéfices sont solides ? A-t-elle trop de dettes ? Distribue-t-elle un dividende pérenne ? Si vous avez calculé, à tête reposée, que l'action "X" vaut intrinsèquement 100$ au vu de ses bénéfices, et que la panique du marché vous l'offre aujourd'hui à 60$... vous n'êtes pas en train d'acheter un actif qui "chute". Vous êtes en train d'acheter un billet de 100 dollars pour seulement 60 dollars.

Dressez votre liste. Notez le prix idéal (votre prix cible) à côté de vos 10 ou 15 entreprises préférées. Et le jour où le marché s'effondre et franchit ce prix à la baisse, n'écoutez plus personne : remplissez votre caddie.

Mais attention, la théorie est toujours beaucoup plus facile que la pratique. C'est formidable d'avoir une liste de courses parfaitement préparée sur le papier au chaud dans son bureau, mais encore faut-il avoir le courage d'ouvrir son application de courtage, de regarder son portefeuille saigner, et d'utiliser ses précieuses liquidités en pleine panique générale pour appuyer sur le bouton "Acheter". Comment dompter la peur paralysante qui sans doute vous prendra et forcer l'exécution de notre plan ? C'est exactement ce que nous allons voir dans le chapitre suivant.

34. L'Exécution Implacable (Comment dompter la paralysie)

Faisons le point sur votre situation. Vous avez appliqué les chapitres précédents à la lettre. Vous avez généré des liquidités grâce à vos arbitrages. Vous avez calculé la valeur intrinsèque de vos entreprises préférées à tête reposée, et votre liste de courses est prête.

Puis, le jour fatidique arrive. Le marché s'effondre.

C'est le moment de passer à l'action. Il suffit d'ouvrir votre application de courtage et d'appuyer sur le bouton "Acheter" pendant que le reste du monde hurle "Vendez !".

Sur le papier, c'est facile. Dans la réalité, c'est l'une des choses les plus difficiles qu'un être humain puisse faire.

Le Poids de l'Évolution

Ne vous en voulez pas si votre doigt tremble au-dessus du clavier. Agir à contre-courant de la masse va à l'encontre de milliers d'années d'évolution humaine. Notre cerveau reptilien a été programmé dans la savane : si tout le troupeau se met soudainement à courir dans la direction opposée, c'est qu'il y a un lion. Celui qui s'arrête pour réfléchir ou qui court vers le lion se fait dévorer. Notre instinct de survie nous hurle de suivre la meute.

C'est pour cette raison que les plus grands investisseurs de l'histoire sont souvent décrits comme des personnes froides, voire totalement dénuées d'émotions face à l'argent. Le regretté Charlie Munger (le partenaire historique de Warren Buffett) s'amusait d'ailleurs souvent à faire remarquer que le taux de divorce chez les grands investisseurs "Value" était anormalement élevé. La raison est fascinante : pour réussir en Bourse face au chaos, ces hommes ont dû apprendre à éteindre totalement leurs émotions. Mais dans la vie privée, c'est tout l'inverse. Une relation de couple exige de l'empathie, la capacité de comprendre son conjoint et de lui montrer de l'amour. Cette rationalité froide et mécanique, qui fait des miracles sur les marchés financiers, s'avère souvent être un désastre dans les relations humaines !

Le Syndrome du "Encore un peu plus bas"

Si vous n'êtes pas un robot dépourvu d'émotions, voici exactement ce qui va se passer le jour du krach.

Reprenons votre liste de courses. Vous aviez décidé, à froid, d'acheter des actions Google si elles baissaient de -30 %. C'était votre prix idéal.

Aujourd'hui, c'est la panique générale. Google affiche exactement -30 %. Le plan est atteint. Mais au moment de cliquer sur Acheter, vous regardez les chaînes d'information. Tout est rouge sang. Les "experts" annoncent que le pire est à venir. Soudain, vous vous trouvez une explication très rationnelle pour ne rien faire : *"C'est la panique, ça va encore baisser. Je vais attendre -32 % pour faire une encore meilleure affaire."*

Google descend à -33 %. Vous vous félicitez de votre génie. Mais la cupidité s'en mêle : *"Puisque ça s'effondre, je vais attendre -34 % !"*

Et là, le marché rebondit légèrement. Google remonte à -28 %. Vous êtes frustré : *"Zut, j'ai raté le point bas. J'attends que ça redescende à -30 % pour acheter."* Le lendemain, l'action retombe à -29 %. Vous vous dites : *"J'avais raison, la baisse reprend !"*.

Mais dans l'après-midi, une bonne nouvelle tombe. L'action bondit à -26 %, puis à -20 % à la fin de la semaine.

Félicitations. Vous étiez devant votre écran, vous aviez le cash, vous aviez le bon prix... et vous êtes resté paralysé. Vous venez de laisser passer l'opportunité d'une vie.

Je suis certain que 100 % des personnes qui lisent ce livre ont déjà vécu cette situation frustrante, que ce soit pour acheter ou pour vendre.

L'Arme Anti-Émotion : L'Ordre GTC

Puisque vous ne pouvez pas faire confiance à votre cerveau en période de stress extrême, vous devez l'éliminer de l'équation. Vous devez confier l'exécution de votre plan à une machine.

Pour cela, vous allez utiliser une fonction toute simple proposée par 100 % des courtiers : l'ordre **GTC** (de l'anglais *Good 'Til Canceled*, que l'on traduit en français par *Ordre Valable jusqu'à Révocation*).

Contrairement à un ordre de Bourse classique qui expire à la fin de la journée s'il n'est pas exécuté, l'ordre GTC reste actif dans le carnet d'ordres de votre courtier pendant des semaines, voire des mois (souvent jusqu'à 90 jours), jusqu'à ce que le prix que vous avez fixé soit touché.

Le Protocole du Dimanche (Fermez l'écran)

Voici comment l'investisseur serein procède. Le dimanche, pendant que les marchés sont fermés et que la pression est nulle, il prend sa liste de courses. Il calcule que Google est une affaire en or à 120 $.

Il place alors un ordre d'achat GTC sur Google à 120 $ dans son application de courtage. Puis, il ferme son ordinateur et part se promener.

Le jour où le krach survient, l'investisseur serein n'est pas scotché à son écran à regarder les cours clignoter en rouge. Il est au travail, ou en train de déjeuner en famille. Lorsque l'action Google touche brièvement les 120 $ au milieu d'un mouvement de panique, l'ordinateur du courtier exécute l'ordre automatiquement, à la milliseconde près. Aucune hésitation. Aucune émotion. Le plan est respecté à 100 %.

Mon expérience sur le terrain : La patience du sniper et la "SaaSpocalypse"

C'est exactement cette mécanique de détachement émotionnel qui m'a permis de réaliser une excellente opération très récemment. En février 2026, les marchés ont été frappés par un vent de panique que l'on a surnommé la "SaaSpocalypse". Les avancées spectaculaires de l'intelligence artificielle d'Anthropic (avec son modèle Claude) venaient de menacer le modèle économique de nombreux éditeurs de logiciels (le secteur du SaaS). La panique fut aussi violente qu'aveugle.

Dans ce bain de sang, l'entreprise S&P Global (SPGI) a été foudroyée, perdant 27 % de sa valeur en un mois. C'était ridicule. S&P Global n'est pas une start-up technologique fragile : c'est un quasi-monopole mondial qui vend des notations de crédit, des données financières indispensables, et qui gère les plus grands indices boursiers de la planète (dont le S&P 500 lui-même !). Voir un titre d'une telle qualité massacré avec une telle violence pour des craintes lointaines liées à l'IA était d'une irrationalité totale.

Mais je n'ai pas eu besoin d'hésiter. J'avais des ordres GTC mis en place début 2026 (et que je mets à jour chaque trimestre) pour ramasser le titre s'il passait sous la barre des 400 $. Il faut réaliser une chose : SPGI ne s'était pas retrouvé sous les 400 $ depuis novembre 2023. J'ai littéralement patienté deux ans et demi pour que ce prix se représente. Lorsque la panique a frappé en février, mon ordre s'est actionné automatiquement, un peu en dessous de 400 $. Depuis, le marché a repris ses esprits, le titre a repris quelques couleurs, et j'attends sagement que mon prochain GTC soit un jour déclenché.

La morale de cette histoire ? Encore un exemple de l'irrationalité des marchés. Les ordres GTC sont indispensables pendant les grands krachs historiques, mais ils le sont tout autant en dehors de ces périodes pour capturer les anomalies aberrantes du marché. Il suffit juste d'être infiniment patient.

Le Bonus du "Flash Crash" Intraday

Il n'y a pas besoin d'attendre un krach historique pour faire de bonnes affaires, car parfois la panique ne dure que quelques heures. Voici trois exemples récents d'entreprises mondiales qui ont connu des montagnes russes affolantes au cours d'une seule et même journée :

- **Nvidia (5 août 2024) :** En pleine panique mondiale sur les marchés asiatiques, l'action s'est effondrée jusqu'à 90$ à l'ouverture avant d'être massivement rachetée par les professionnels pour clôturer au-dessus des 100$ quelques heures plus tard.

- **Apple (13 octobre 2022) :** Terrifiée par de mauvais chiffres d'inflation, la foule a précipité l'action sous les 135$ à l'ouverture, avant qu'un puissant rebond ne la propulse à 143$ à la fin de la journée.

- **Meta (9 avril 2025) :** Lors des secousses du "Liberation Day", l'action a chuté à 502$ le matin avant de s'envoler littéralement à 585$ en fin de séance, offrant un gain éclair de près de 17 % entre son point bas et son point haut.

Dans ces moments de pure terreur "intraday" (au sein d'une même journée), l'investisseur manuel est toujours perdant car ses émotions le figent. À l'inverse, l'investisseur préparé, qui avait sagement programmé un ordre d'achat automatique (GTC) à un prix bradé, a ramassé ces joyaux technologiques en pleine tempête sans même avoir eu besoin de regarder son écran.

Le Gap Down un problème ?

Certains investisseurs craignent d'utiliser les ordres automatisés par peur du *Gap Down* (l'ouverture du marché avec un "trou de cotation" très en dessous de leur prix d'achat). Certes, ce risque mathématique existe. Mais il est infiniment mineur comparé au risque de rester pétrifié et de ne jamais investir du tout.

D'ailleurs, dans la réalité pratique des marchés, l'ordre GTC offre un avantage spectaculaire : il permet de capturer les creux de panique journaliers. Personnellement, il m'est arrivé à de multiples reprises de voir mes ordres GTC se déclencher automatiquement à 14h30 au plus fort de la panique, pour finalement constater le soir même, à la clôture du marché, que le cours avait violemment rebondi et fini bien plus haut. L'ordre automatique avait réussi à "attraper" le point le plus bas de la journée, chose dont j'aurais été humainement incapable si j'avais été derrière mon écran, paralysé par la peur.

En automatisant vos achats pendant que le marché est fermé, vous vous offrez le luxe ultime : la discipline sans l'effort.

Placer ces ordres et attendre que le marché chute est déjà une excellente stratégie. Mais cela reste une attente passive. Et s'il existait une méthode de professionnel permettant d'être littéralement *payé en cash* pour promettre d'acheter une action bradée ? C'est ce secret que nous allons découvrir dans le chapitre suivant.

35. Le Guichet de l'Assureur (L'art de se faire payer pour acheter)

Dans le chapitre précédent, nous avons vu qu'il n'était pas toujours facile d'appuyer sur la gâchette en pleine panique, et que l'ordre GTC était une excellente parade.

Mais pour l'investisseur serein qui maîtrise un tant soit peu les outils financiers, il existe une méthode encore plus élégante. Une stratégie qui frôle la perfection mathématique pour entrer sur le marché pendant un krach : **la vente de Puts (options de vente).**

Pour comprendre la puissance de cette manœuvre, il faut se rappeler ce que nous avons vu dans la Partie 3 de ce livre. Avant la tempête, vous étiez l'assuré. Vous achetiez des Puts pour protéger votre portefeuille contre la baisse. Mais maintenant que le krach est là et que le sang coule dans les rues, il est temps de changer de camp.

Vous allez passer de l'autre côté du guichet. Vous allez devenir l'assureur.

La Prime de la Peur

Pendant un krach, la panique est à son comble. La volatilité (mesurée par le VIX) explose littéralement. Mécaniquement, le prix des assurances (les primes des options) crève le plafond. Les foules terrorisées, qui n'ont pas su se préparer comme vous, sont soudainement prêtes à payer des fortunes pour se protéger d'une baisse supplémentaire. C'est précisément à cet instant que vous entrez en scène pour leur vendre cette protection à un prix d'or.

Le Cas d'École : Le Hold-up Légal de Warren Buffett (2008)

Pour illustrer la puissance de cette stratégie, regardons comment Warren Buffett a traversé la pire crise financière de notre génération.

Fin 2008, APRÈS que le marché s'était déjà effondré de près de 50 %, le monde entier tremblait. Les investisseurs se disaient : *"Si le marché a perdu 50 %, il peut très bien perdre encore 20 % !"* C'est là que Buffett est passé à l'action. Il s'est posté au guichet de l'assureur et a vendu massivement des Puts à long terme sur de grands indices mondiaux (dont le S&P 500 et le Dow Jones). En échange de cette garantie qu'il offrait aux investisseurs paniqués, il a exigé d'être payé immédiatement avec des primes gigantesques.

Son calcul (la fameuse force tranquille) était d'une logique implacable :

- **Scénario A :** Si les indices continuent de s'effondrer et atteignent le prix d'exercice de l'option (le *Strike*), Buffett a l'obligation contractuelle d'acheter ces indices. Mais il les achètera à un prix historiquement bas ! Pour un investisseur de long terme, c'est l'affaire du siècle.

- **Scénario B :** Si les indices n'atteignent jamais ce prix et rebondissent, l'assurance expire sans valeur. Buffett n'achète rien, mais il conserve 100 % des primes d'assurance qu'il a encaissées.

Cela paraît si simple sur le papier que l'on pourrait se demander si cette technique rapporte vraiment. La réponse donne le vertige : sur ces seules opérations de vente de Puts sur indices, Warren Buffett a généré un profit net de **4,9 milliards de dollars**. Oui, vous avez bien lu. Presque cinq milliards de dollars, simplement en promettant d'acheter des actifs de grande qualité à un prix qu'il jugeait de toute façon exceptionnel.

Appliquer la Stratégie à votre Liste de Courses (L'Exemple Google)

Vous n'avez pas besoin d'être milliardaire pour répliquer cette mécanique. Vous pouvez l'utiliser directement sur les actions de votre Watchlist. D'ailleurs, Buffett a utilisé exactement la même technique en 1993 pour accumuler des actions Coca-Cola à prix cassé.

Reprenons notre exemple du chapitre précédent. À tête reposée, vous avez calculé que l'action Google était une magnifique affaire à 120$.

Au lieu de placer un simple ordre d'achat GTC, vous décidez de *vendre un Put* sur Google avec un prix d'exercice (Strike) à 120$. Pour vous remercier de prendre ce "risque", le marché vous verse immédiatement une prime en cash, disons 5$ par action.

Dès cet instant, vous êtes gagnant à tous les coups. C'est comme jeter une pièce en l'air. À pile ou face, normalement, on gagne une fois sur deux. Eh bien ici, pile je gagne, et face je gagne aussi ! Jugez plutôt :

1. **Pile (Le marché plonge et Google finit sous les 120 $) :** Vous êtes "assigné". Vous avez l'obligation d'acheter l'action à 120$. Mais puisque vous aviez déjà empoché 5$ de prime, votre prix de revient réel n'est que de 115$! Vous venez d'acquérir une action de classe mondiale avec un rabais supplémentaire, dictant vos propres conditions au marché.
2. **Face (Le marché rebondit et Google finit au-dessus de 120$) :** L'option expire. Vous n'achetez pas les actions Google, mais vous gardez définitivement les 5$ par action dans votre poche. Vous avez littéralement été payé pour patienter.

La Seule Limite : Le "Risque" de Rater le Train

Il faut tout de même apporter une nuance par rapport à l'ordre GTC. La vente de Put est un outil exceptionnel, mais c'est une technique légèrement plus capricieuse si votre objectif absolu est de posséder l'action à tout prix.

Avec un ordre GTC, un simple plongeon de quelques secondes ("Flash Crash") en cours de journée sous les 120$ suffit pour déclencher l'achat de vos actions.

Avec la vente de Put, vous dépendez de la date d'expiration. Si Google tombe brièvement à 118$ mais remonte à 121$ le jour où votre option expire, vous ne serez pas assigné. Vous n'aurez pas l'obligation d'acheter les actions.

Est-ce grave ? Pas vraiment. Vous n'aurez peut-être pas les actions Google en portefeuille, mais vous aurez empoché le cash de la prime. C'est le seul "danger" de cette stratégie : pleurer d'avoir raté une belle action... en vous séchant les larmes avec des billets de banque.

Mon expérience : La patience d'acquérir Amazon et le mythe du point bas

En 2022, lors de la violente purge des valeurs technologiques, j'avais préparé ma liste de courses à froid. Après analyse, j'avais considéré qu'Amazon à 110 $ par action représentait une excellente affaire à long terme. Mais au lieu d'acheter les actions directement au prix du marché, j'ai appliqué mon plan avec discipline : j'ai vendu un Put avec une date d'expiration en juillet.

Pas de chance (ou plutôt, tant mieux) : le titre a rebondi ce mois-là. Mon option a expiré sans valeur. J'ai donc conservé la prime (le cash) que l'acheteur m'avait payée. J'ai recommencé l'opération en août, puis en septembre. Toujours pas assigné. J'étais littéralement payé tous les mois pour patienter.

Puis, finalement, au mois d'octobre, le "miracle" se produit : le titre clôture sous la barre des 110 $. Je suis assigné. Je deviens enfin propriétaire de mes actions Amazon.

La véritable leçon de cette histoire s'est déroulée quelques semaines plus tard. En décembre, l'action a continué de s'enfoncer pour toucher les 81 $. Aurais-je dû être déçu ou paniquer ? Absolument pas. Vouloir *timer* le marché à la perfection et attraper le point le plus bas absolu est une illusion qui ruine les amateurs. J'étais ravi : grâce à l'accumulation des primes encaissées de juillet à octobre, le coût de revient réel de mes actions Amazon m'était revenu à un tout petit peu plus de 100 $.

J'avais acheté une entreprise mondiale dominante, au prix exact que j'avais fixé à l'avance, tout en générant du rendement pendant mon attente. Et le marché a fini par me donner raison : à l'heure où j'écris ces lignes, cette position affiche plus de 100 % de plus-value.

Devenir l'assureur du marché n'est qu'une possibilité. L'univers des options offre d'autres stratégies redoutables, spécialement conçues pour démultiplier vos gains en pleine panique. Découvrons-en une immédiatement dans le chapitre suivant

36. Le Levier Asymétrique (L'utilisation des Calls et LEAPS)

Dans les chapitres précédents, nous avons vu comment utiliser notre liste de courses pour acheter des actions au rabais, ou comment nous faire payer pour patienter en vendant des Puts. Ces stratégies sont la quintessence de la "force tranquille" chère à Warren Buffett.

Mais que faire si vous avez une conviction absolue sur une entreprise massacrée, que vous avez un petit capital à y consacrer, et que vous êtes prêt à accepter un risque plus élevé en échange d'un gain potentiellement exponentiel ?

C'est ici que nous ouvrons une parenthèse pour les investisseurs qui ont le cœur bien accroché. Nous n'allons plus vendre des assurances, nous allons en acheter une forme très particulière : **le Long Call** (l'achat d'option d'achat), et plus spécifiquement sa version à très longue échéance, appelée **LEAPS** (*Long-Term Equity Anticipation Securities*).

Le Principe du LEAPS

Un Call vous donne le droit (mais pas l'obligation) d'acheter 100 actions d'une entreprise à un prix fixé à l'avance (le *Strike*), jusqu'à une date d'expiration. En temps de krach, plutôt que d'acheter des actions qui mobilisent beaucoup de cash, vous pouvez acheter un Call avec une échéance très lointaine, disons dans 2 ans. Vous vous donnez ainsi 24 mois pour avoir raison.

L'Exemple Frappant : Le Cas Google

Pour bien comprendre la puissance de ce levier asymétrique, reprenons notre action Google, qui vient de chuter à 120 $ en plein cœur de la crise.

Puisque le marché panique (le VIX est très haut), le coût des options est cher. Le marché vous propose d'acheter un Call Google sur 2 ans, avec un prix d'exercice (Strike) à 120 $, pour une prime de 15$ par action. Puisqu'un contrat porte sur 100 actions, cette option vous coûte 1 500$.

Avançons le temps de deux ans. Le monde s'est calmé, l'économie est repartie, et l'action Google a fait un superbe rebond de +50 %. Elle cote désormais à 180$.

Comparons les deux méthodes d'investissement :

- **Méthode 1 : L'achat classique d'actions**

  Vous aviez acheté 100 actions à 120$. Cela vous a coûté **12 000$** de votre poche. Aujourd'hui, vos 100 actions valent 18 000$. Vous avez réalisé un profit net de **6000$**. Votre rendement est de **+50 %**. C'est un résultat magnifique, un véritable succès.

- **Méthode 2 : L'achat du LEAPS (Le Levier Asymétrique)**

  Vous aviez acheté 1 contrat Call pour **1 500$**. Aujourd'hui, Google vaut 180 $. Vous avez le droit d'acheter à 120$ des actions qui en valent 180 sur le marché ! Votre option vaut donc intrinsèquement la différence : 60$ par action, soit 6 000$ au total. Vous revendez votre option. Vous récupérez 6 000 $, auxquels on soustrait les 1 500 $ de prime que vous aviez payés au départ. Votre profit net est de **4 500$**. Quel est votre rendement ? Vous avez risqué 1 500 $pour en gagner 4 500$. Votre retour sur investissement est de **+300 %**. Oui, vous avez bien lu. Les +50 % de hausse de Google vous ont permis de **tripler votre mise**.

Mon expérience en plein Covid : Le pari asymétrique sur Meta pendant le Covid

La théorie est belle, mais voici ce que cela donne dans le monde réel. Malgré mes déboires sur l'achat de put sur les casinos américains je ne me suis pas laissé abattre. Lors de la panique du Covid en 2020, l'action Meta (alors Facebook) s'est effondrée, passant de 217$ à 136$ en l'espace d'un mois à peine. Fin mars, le marché a commencé à montrer des signes de stabilisation, puis début avril, le titre a amorcé un timide rebond.

J'aimais déjà beaucoup cette entreprise, mais j'ai surtout réalisé une évidence fondamentale : avec les confinements mondiaux, Meta allait être l'un des plus grands bénéficiaires de la crise. Les gens allaient passer leurs journées entières sur les réseaux sociaux. J'ai donc décidé de passer à l'action, mais au lieu d'acheter directement 100 actions (ce qui m'aurait coûté plus de 17 500 $), j'ai opté pour un Call à longue durée (LEAPS) avec un prix d'exercice (Strike) à 175 $. Cette opération ne m'a demandé d'engager qu'environ 2 000 $, tout en m'offrant la puissance de frappe (l'effet de levier) de 100 actions.

Ce qui a suivi : le titre a littéralement explosé à la hausse. En août 2020, alors que l'action franchissait la barre des 270 $, j'ai décidé de clôturer ma position. J'ai encaissé une plus-value magnifique d'environ 420 %.

Aurais-je pu faire encore mieux ? Absolument. Le titre a continué son ascension vertigineuse pour toucher les 380 $ en septembre 2021. Mais je n'ai eu aucun regret. J'étais déjà ravi d'avoir eu le courage de passer à l'action au moment où le sang coulait dans les rues, de capter une hausse fulgurante, et d'avoir strictement limité mon risque initial. Et ce, dans un contexte où bon nombre de mes connaissances étaient restées paralysées ou avaient perdu de l'argent en vendant au plus mauvais moment.

Le Prix de l'Asymétrie : Le Risque de Tout Perdre

Si les mathématiques s'arrêtaient là, tout le monde n'achèterait que des LEAPS. Mais la Bourse n'offre jamais de repas gratuit.

Le risque de l'option, c'est le temps. Si au bout de 2 ans, Google n'a pas rebondi et stagne à 119$, votre option expire sans aucune valeur. Vous perdez l'intégralité de votre prime, soit 1 500$. (Celui qui a acheté les actions à 120$, lui, possède toujours ses actions, il n'a qu'une perte latente minime et peut attendre la troisième année).

De plus, votre point mort (le moment où vous commencez vraiment à gagner de l'argent si vous exercez l'option pour obtenir les actions) n'est pas 120$. Il est de 135 $ (les 120$ du Strike + les 15$ de prime payée). Si vous exercez votre option, vos actions vous auront coûté 135$ au lieu des 120$ initiaux.

À qui s'adresse cette stratégie ?

Soyons très clairs : Warren Buffett ne recommanderait probablement pas cette stratégie à l'investisseur particulier. C'est une méthode directionnelle agressive.

Cependant, pour les personnes qui aiment un risque calculé, le LEAPS offre deux avantages psychologiques et financiers majeurs :

1. **Limiter le capital immobilisé :** Au lieu de bloquer 12 000$ dans Google, vous n'engagez que 1 500$. Vous gardez ainsi 10 500$ de cash pour acheter d'autres actions.

2. **Augmenter l'exposition (Danger !) :** Avec ces mêmes 12 000$, vous pourriez théoriquement acheter 8 contrats Call (représentant 800 actions Google) au lieu de 100 actions réelles. C'est ce qui crée les fortunes éclair... ou les ruines immédiates. Le risque

sur ce deuxième point est gigantesque et s'apparente à du quitte ou double.

En conclusion, l'achat de LEAPS peut avoir sa place dans un portefeuille, mais uniquement avec un **très petit pourcentage de votre cash** alloué à la spéculation. Si vous visez juste, les gains exponentiels viendront booster votre performance globale. Mais n'oubliez jamais : dans la vraie vie, après un krach, se contenter d'un "petit" rendement de 50 % en deux ans en achetant simplement les actions est déjà un excellent résultat que la vaste majorité d'investisseurs ayant déserté le marché n'atteindront pas.

37. L'Optimisation Totale (La Maîtrise des Flux)

Nous voici à la fin de notre arsenal tactique. Vous savez désormais comment générer des liquidités, comment dresser votre liste de courses, comment automatiser vos achats et même comment utiliser les options pour décupler vos rendements.

Mais pour que ce système soit parfait, il reste un dernier levier : la gestion de vos flux financiers au quotidien. Rassurez-vous, il ne s'agit pas de se transformer en un robot comptable sans émotion. L'investisseur serein reste un être humain qui a besoin de vivre et de profiter de la vie, surtout en période de crise où le climat général est déjà lourd. L'objectif n'est pas d'optimiser le moindre centime de manière maladive, mais simplement d'y prêter **une plus grande attention**, pour une raison purement mathématique : chaque euro investi aujourd'hui dans une entreprise soldée a le potentiel de se transformer en deux ou trois euros dans quelques années.

Voici trois ajustements simples, qui demandent peu d'efforts, pour transformer la baisse des marchés en un véritable accélérateur de richesse.

1. Le DCA Offensif (L'accélération sans douleur)

Dans le Chapitre 2, nous avons parlé de l'importance de ne pas garder un *stock* de cash trop important. Ici, nous allons parler de votre *flux* de trésorerie, c'est-à-dire votre salaire et votre capacité d'épargne mensuelle.

En temps normal, vous investissez peut-être 300$ ou 500$ par mois en Bourse (le fameux DCA classique). Mais pendant un krach, les règles changent. Sans aller jusqu'à vous "serrer la ceinture" de manière drastique, c'est le moment idéal pour faire des choix tactiques indolores. Par exemple : repousser l'achat du dernier smartphone à l'année prochaine, annuler un ou deux abonnements que vous n'utilisez presque plus, ou décaler une dépense non essentielle.

Si ces petits efforts vous permettent de passer votre investissement mensuel de 500$ à 700$ ou 800$ pendant la crise, vous allez mécaniquement écraser votre prix de revient moyen. Vous achetez plus d'actions quand elles sont au plus bas, sans pour autant sacrifier votre qualité de vie.

2. Coupez le Pilote Automatique (L'arrêt du DRIP)

Beaucoup de courtiers proposent une fonction très pratique en temps de paix : le DRIP (*Dividend Reinvestment Plan*, ou réinvestissement automatique des dividendes). Dès qu'une de vos entreprises vous verse un dividende, le courtier l'utilise immédiatement pour racheter des fractions de cette même action.

Pendant un krach, coupez ce pilote automatique ! Ce "robot" est aveugle : il va réinvestir votre argent dans les entreprises qui viennent de vous payer, sans se soucier de savoir si c'est la meilleure opportunité du moment. Prenez plutôt vos dividendes en cash. Accumulez-les, et réallouez-les *manuellement* vers les actions de votre Watchlist qui ont subi la baisse la plus irrationnelle. Soyez actif, pas passif.

3. Le Grand Nettoyage (La refonte du portefeuille)

Un krach bouleverse totalement l'échiquier des prix. C'est donc le moment idéal pour faire un audit complet de votre portefeuille.

Nous avons tous dans notre portefeuille une "erreur de casting". Une action achetée sur un coup de tête, qui végète, et dont l'avenir économique est sombre. Un krach est le moment parfait pour faire le grand nettoyage et vendre ce "boulet", pour deux raisons majeures :

- **La montée en gamme :** Avant le krach, les entreprises exceptionnelles de votre liste de courses étaient beaucoup trop chères. Aujourd'hui, la panique les a rendues abordables. Vendre vos actions médiocres vous donne immédiatement le cash nécessaire pour acheter ces pépites. Vous profitez du bouleversement des prix pour échanger du plomb contre de l'or.

- **L'optimisation fiscale :** C'est le seul avantage garanti d'une chute des marchés : c'est bon pour vos impôts. En Bourse, les moins-values viennent s'annuler avec vos plus-values. En vendant votre fameux "boulet" à perte aujourd'hui, vous générez un crédit d'impôt. Ce crédit vous permettra de ne pas payer de taxes sur les futurs gains prodigieux que vous ferez lors de la reprise avec vos nouvelles actions de qualité.

La Ligne Rouge : Votre Épargne de Précaution

Cependant, je dois poser ici une limite stricte à cet enthousiasme offensif.

Voir des actions bradées à -50 % peut créer un sentiment d'urgence. Vous pourriez être tenté de vider tous vos livrets bancaires pour acheter massivement. Ne le faites surtout pas.

Il ne faut jamais confondre votre capital d'investissement avec votre épargne de précaution. La plupart des auteurs et experts financiers s'accordent à dire qu'il faut garder un fonds d'urgence équivalent à **3 à 6 mois de vos dépenses courantes** (voire jusqu'à un an ou plus selon votre profil et votre aversion au risque). N'oubliez jamais qu'un krach boursier précède très souvent une récession économique dans le monde réel. Et qui dit récession, dit baisse de l'activité, gels des primes, voire risques sur l'emploi. L'argent dont vous avez besoin pour vivre et protéger votre famille à court terme n'a rien à faire en Bourse.

Le Conseil Ultime de l'Oracle d'Omaha

Pour clore cette idée, il est bon de rappeler que la meilleure protection contre une récession ne se trouve pas sur un compte de courtage.

Lorsqu'on a demandé à Warren Buffett quel était le meilleur placement possible, notamment en période d'inflation ou de crise économique, sa réponse a toujours été d'une clarté absolue :

> *"Le meilleur investissement que vous puissiez faire est un investissement en vous-même. Plus vous apprenez, plus vous gagnez. [...] Vos compétences ne peuvent pas vous être enlevées, elles ne peuvent pas être effacées par l'inflation."*

38. Passez à l'action : Rédigez votre "Contrat avec vous-même"

La discipline est vitale quand la Bourse s'effondre. N'attendez pas de voir les journaux titrer sur la fin du monde pour réfléchir. Prenez une feuille de papier dès maintenant, à tête reposée, et rédigez votre propre **Contrat avec vous-même**. Si vous avez déjà rédigé une lettre d'Ulysse comme vu au début de cette partie, c'est parfait. Reprenez-la et complétez-la.

Sachez que dans le monde de la finance institutionnelle, aucun gérant de fonds ou professionnel sérieux n'opère sans avoir rédigé ce type de document à l'avance. Dans le jargon, cela s'appelle un ***Investment Policy Statement*** (Déclaration de Politique d'Investissement).

Ce document ne sera pas une bouée de sauvetage, mais votre boussole pendant la crise. C'est un plan d'action précis pour braver la tempête et en profiter pleinement. Vous le glisserez dans un dossier sécurisé, et vous ne l'ouvrirez que sous deux conditions strictes : **lorsque le marché aura officiellement chuté de 20 % (Bear Market), ou le jour où la panique vous donnera l'envie irrépressible de tout vendre.**

Voici un exemple de trame à adapter. Le plus détaillé et personnalisé sera le mieux, mais l'essentiel est de le faire, même de manière sommaire. Attention : il doit rester un plan exécutable, ne le rendez pas inutilement compliqué.

MON CONTRAT DE GESTION DE CRISE

1. Mon identité d'investisseur

« Moi, [Prénom], je suis un investisseur rationnel. Je sais que les marchés baissiers sont normaux, historiques et temporaires. Le chaos actuel n'est pas une menace, c'est l'opportunité mathématique que j'attendais pour m'enrichir. »

2. Mes lignes rouges (Ce que je m'interdis de faire)

- **Interdiction n°1 :** Je m'interdis formellement de vendre mes positions historiques sous l'effet de la panique, même si mon portefeuille affiche -30 % ou -40 %.
- **Interdiction n°2 :** Je m'interdis de modifier mon plan d'investissement à long terme (mon DCA continuera chaque mois, mécaniquement).

3. Dégager du cash (La poudre sèche)

Pour profiter massivement des soldes, je m'engage à mobiliser des liquidités selon ce plan précis :

- **La prise de profits sur mes protections :** C'est le moment de monétiser tout ou partie de mes assurances (fermer mes Puts achetés ou réajuster mes Collars) pour récupérer du cash frais.
- **La rotation sectorielle :** Je vends une partie de mes actifs protecteurs (ceux qui ont résisté ou monté pendant la chute) pour acheter des actifs massivement massacrés. (De manière secondaire, je profite de ces arbitrages pour "monter en gamme" et améliorer la qualité fondamentale de mes actions).

- **Les cash-flows supplémentaires :** J'injecte [Montant] € supplémentaires issus de mes revenus mensuels pour renforcer ma capacité de tir.

4. Mon plan d'attaque (Le déploiement offensif)

Je m'engage à déployer mes liquidités par paliers successifs sur des cibles répondant à mes critères prédéfinis, sans me laisser emporter par les potentiels de gains mirobolants ou les rumeurs du moment :

- **Palier 1 (-20 %) :** J'investis [Montant] € sur [Action/ETF X].
- **Palier 2 (-30 %) :** J'investis [Montant] € supplémentaires sur [Action/ETF Y].
- **Palier 3 (-40 %) :** J'investis [Montant] € supplémentaires sur [Action/ETF Y].
- **L'Offensive Options :** J'alloue [X] % de mon cash offensif à des stratégies asymétriques. J'utiliserai des options LEAPS pour capturer le futur rebond avec un capital réduit, et je vendrai des Puts sur les actions que je rêve de posséder pour profiter des primes gonflées par la panique.

5. Mon protocole psychologique (Si le moral flanche)

Si l'anxiété prend le dessus, je m'engage à appliquer ce protocole d'urgence :

- Je coupe immédiatement les chaînes d'information en continu et je désinstalle les applications d'actualité financière.
- J'ouvre un graphique du S&P 500 sur les 50 dernières années, je dézoome au maximum, et je constate visuellement que 100 % des krachs précédents ont été effacés par un nouveau sommet historique.

Signature : ____________________

Date : ________________________

Rédigez ce contrat aujourd'hui. Le jour où la tempête frappera, vous n'aurez plus besoin de réfléchir ou d'écouter les experts à la télévision. Il vous suffira de sortir votre boussole et d'exécuter froidement ce plan.

Conclusion de la partie IV : La victoire sur soi-même

Nous voici au bout de notre plan d'action. Vous avez désormais entre les mains un arsenal complet pour affronter les soldes du siècle. Vous savez comment mobiliser vos liquidités sans pour autant bloquer tout votre capital en temps de paix. Vous savez comment transformer vos protections (vos actifs défensifs ou vos options) en cash frais. Vous avez appris à dresser votre liste de courses à tête reposée, à automatiser vos ordres pour court-circuiter votre cerveau, et à utiliser des outils plus avancés comme la vente de Puts pour vous faire payer en attendant l'opportunité parfaite.

Sur le papier, la mécanique est huilée. Mathématiquement, elle est implacable.

Mais soyons tout à fait honnêtes avec nous-mêmes : le jour où la Bourse dévissera de 40 %, où les gros titres des journaux annonceront la fin du système financier et où la valeur de votre portefeuille fondera à vue d'œil... **vous aurez peur.** Et c'est tout à fait normal.

Il ne faut jamais culpabiliser de ressentir de la peur face à un krach. L'être humain n'est pas programmé par l'évolution pour courir vers le danger quand tout le troupeau s'enfuit. Avoir la boule au ventre quand l'économie s'effondre prouve simplement que vous êtes humain, et que vous tenez au fruit de votre travail. Les grands investisseurs de l'histoire, Warren Buffett en tête, ne sont pas des surhommes dépourvus d'émotions. Ce sont simplement des hommes qui ont appris à compartimenter cette peur.

Le but de cette quatrième partie n'est donc pas de vous transformer en robot insensible, mais de vous donner les moyens de vous créer des **"bulles de rationalité"**.

Quand le chaos frappera et que l'angoisse montera, votre mission sera de vous réfugier dans ces bulles.

- Coupez la télévision, fermez les applications d'actualités anxiogènes : voilà votre première bulle de rationalité.
- Sortez de votre tiroir la lettre de votre "Contrat d'Ulysse" et votre liste de courses préparée des mois à l'avance, un paisible dimanche après-midi : voilà votre deuxième bulle de rationalité.
- Laissez vos ordres GTC s'exécuter silencieusement sans regarder votre écran clignoter en rouge : voilà votre troisième bulle de rationalité.

Vous ne pourrez pas empêcher la tempête de faire rage à l'extérieur, ni la peur de vous effleurer. Mais à l'intérieur de ces bulles de rationalité, vous resterez le maître du jeu. Vous vous souviendrez qu'un krach n'est pas une apocalypse, mais un simple transfert mathématique de la richesse : l'argent passe mécaniquement des poches des investisseurs terrorisés et impatients, vers celles des investisseurs calmes et préparés.

La tempête financière n'est plus une menace pour votre avenir. Si vous savez garder la tête froide à l'intérieur de votre bulle, elle deviendra le carburant de votre richesse générationnelle.

ÉPILOGUE :

N'AYEZ PLUS JAMAIS PEUR

Vous voici arrivé à la fin de cet ouvrage, et j'aimerais vous féliciter. En prenant le temps de lire ces pages, vous avez fait ce que 99 % des investisseurs particuliers refusent de faire : vous avez regardé la réalité des marchés en face.

Si je ne devais vous laisser qu'un seul et unique message à l'issue de notre parcours, ce serait celui-ci : **n'ayez plus peur.**

Vous avez désormais entre les mains l'arsenal complet, les connaissances tactiques et les stratégies exactes pour affronter n'importe quelle tempête financière, et surtout, pour en ressortir plus vite et plus fort que vous n'y êtes entré.

La vie d'un investisseur n'est pas un sprint, c'est un marathon de plusieurs décennies. Sur une période aussi longue, il est impossible d'éviter les tempêtes. Les statistiques sont d'ailleurs formelles : les marchés baissiers (*bear markets*) surviennent historiquement tous les 5 à 7 ans, et durent en moyenne une petite année.

Faites le calcul : cela signifie que le prochain est pour bientôt. Il est mathématiquement impossible de savoir quel jour exact le ciel s'assombrira, mais je peux vous garantir une chose : cela arrivera.

Mais au lieu de trembler face à cette échéance, vous devez l'attendre avec la sérénité du professionnel. Car ce prochain krach ne sera pas la fin du monde, il sera **une formidable opportunité de vous enrichir**. Les crises nettoient les excès du marché et remettent les compteurs à zéro. C'est le moment précis où la richesse change de mains, glissant des poches des amateurs effrayés vers celles des investisseurs disciplinés.

Pour faire partie de la seconde catégorie, votre réussite reposera désormais sur deux piliers invisibles : **votre discipline et votre optimisme.**

Ne laissez plus les prophètes de malheur et les journaux télévisés anxiogènes dicter vos décisions. Entourez-vous de personnes positives, d'investisseurs qui partagent votre vision à long terme et qui comprennent que l'économie mondiale finit toujours par innover, croître et se relever. Le pessimisme peut sembler intelligent lors d'un dîner en ville, mais sur les marchés financiers, c'est toujours l'optimisme qui paie.

Cependant, l'optimisme seul ne suffit pas sans action. Ne remettez pas votre préparation à demain, en vous disant que vous avez encore le temps. Comme le dit le bon sens : **le bon capitaine n'attend pas la tempête pour vérifier la coque de son navire.** Votre préparation commence dès aujourd'hui. Consolidez votre portefeuille, définissez vos règles, listez les actions que vous rêvez d'acheter à prix cassé, et préparez vos liquidités.

La suite de l'aventure (Restons en contact)

Ce livre se termine ici, mais notre aventure commune ne fait que commencer. Les marchés financiers sont vivants, ils respirent et évoluent chaque jour. C'est pourquoi je souhaite continuer à vous accompagner.

Je vous invite dès maintenant à me rejoindre sur **www.krachboursier.com**.

C'est sur ce site que je mets régulièrement à jour notre fameux **Krach-O-Mètre**, pour que nous puissions mesurer ensemble la température exacte des marchés en fonction de l'actualité récente. Vous y trouverez également des analyses à chaud, des ressources supplémentaires et des bonus exclusifs réservés à mes lecteurs les plus motivés.

Venez y faire un tour, inscrivez-vous, et dites-moi quelles stratégies vous avez décidé de mettre en place. J'ai hâte d'échanger avec vous.

Je vous souhaite une longue, sereine et très lucrative vie d'investisseur. Gardez le cap, restez optimiste, et souvenez-vous : ne gaspillez jamais une bonne crise !

UN PETIT SERVICE AVANT DE NOUS QUITTER...

Si vous avez lu ce livre jusqu'ici, j'espère sincèrement qu'il vous aidera à traverser les prochaines tempêtes financières avec plus de sérénité et de confiance.

Si cet ouvrage vous a été utile, pourriez-vous prendre un instant pour le noter sur Amazon ?

Une simple note en étoiles suffit déjà à faire une immense différence. Et si vous souhaitez y ajouter un court commentaire honnête, c'est encore mieux. Ce geste aide énormément à faire connaître ce livre à d'autres investisseurs qui cherchent, eux aussi, à mieux se préparer.

Un grand merci pour votre temps et votre soutien.

David Hall

GLOSSAIRE DE SURVIE FINANCIÈRE

Le jargon financier est souvent utilisé pour intimider les particuliers. Voici un lexique de survie pour comprendre le langage des pros et naviguer en eaux troubles sans jamais vous perdre.

All Weather (Portefeuille Quatre Saisons)

Une stratégie d'allocation d'actifs popularisée par Ray Dalio. Son objectif est de résister à tous les environnements économiques (inflation, déflation, croissance, récession) en équilibrant le risque entre différentes classes d'actifs (actions, obligations, or, matières premières).

Bear Market (Marché Baissier)

Période pendant laquelle le marché boursier enregistre une baisse prolongée. On considère généralement qu'un marché entre en *Bear Market* lorsque les prix chutent d'au moins 20 % par rapport à leur récent sommet. C'est le terrain de jeu où se forment les plus belles opportunités d'achat.

Beta Slippage (L'effet d'érosion)

Un piège mathématique qui affecte principalement les ETF à effet de levier (les ETF "Short" ou "Leveraged") lorsqu'ils sont conservés sur de longues périodes. À cause de la volatilité quotidienne, ces produits perdent de leur valeur avec le temps, même si le marché stagne.

Buffer ETF (ETF à protection définie)

Fonds d'investissement qui limite contractuellement vos pertes en cas de baisse du marché (le bouclier), en l'échange d'un plafonnement de vos gains en cas de forte hausse.

Bulle Spéculative

Une situation de marché irrationnelle où le prix d'un actif (une action, l'immobilier, etc.) s'envole de manière démesurée par rapport à sa valeur réelle ou fondamentale, souvent poussée par l'euphorie collective. Quand la bulle éclate, c'est le krach.

Call (Option d'achat)

Un contrat financier qui donne le droit (mais pas l'obligation) d'acheter une action à un prix fixé à l'avance, jusqu'à une date précise.

Collar (Stratégie de couverture)

Une technique de protection d'un portefeuille qui consiste à acheter une assurance contre la baisse (un Put) tout en finançant le coût de cette assurance par la vente d'un plafond de gain (un Call). C'est le "pare-chocs" par excellence des institutionnels.

Contango

Une situation spécifique aux marchés à terme (très fréquente sur le VIX). Elle se produit lorsque le prix futur d'un contrat est plus cher que le prix actuel. Pour l'investisseur particulier, cela se traduit souvent par un coût de "roulement" qui grignote la performance d'un ETF au fil des mois.

Cygne Noir (Black Swan)

Théorie popularisée par Nassim Nicholas Taleb désignant un événement hautement improbable, totalement imprévisible et aux conséquences dévastatrices sur les marchés (ex: pandémie, guerre soudaine), mais que les experts s'empressent souvent de rationaliser a posteriori.

DCA (Dollar Cost Averaging)

Stratégie d'investissement consistant à placer une somme fixe à intervalles réguliers (par exemple tous les mois), peu importe si la Bourse monte ou descend. Cela permet de lisser mathématiquement son prix de revient sur le long terme.

Drawdown (Perte maximale)

La mesure de la baisse d'un portefeuille depuis son point le plus haut jusqu'à son point le plus bas, avant qu'il ne retrouve son sommet. C'est le véritable indicateur du "stress" qu'un investisseur va subir lors d'une crise.

DRIP (Dividend Reinvestment Plan)

Option technique proposée par de nombreux courtiers qui consiste à réinvestir automatiquement les dividendes perçus pour acheter de nouvelles fractions d'actions de l'entreprise qui vient de les verser.

ETF (Exchange Traded Fund / Tracker)

Un fonds d'investissement qui s'achète et se vend comme une simple action en Bourse. Il a pour but de répliquer les performances d'un indice (comme le S&P 500 ou le CAC 40). C'est l'outil de base pour se diversifier facilement et à moindres frais.

ITM / OTM (In The Money / Out of The Money)

Jargon lié aux options. "In The Money" (Dans la monnaie) signifie que le contrat d'assurance vous couvre immédiatement, sans franchise, ce qui coûte très cher. "Out of The Money" (En dehors de la monnaie) signifie que l'option a une franchise : elle coûte beaucoup moins cher et ne s'activera qu'en cas de mouvement important du marché.

Krach-O-Mètre

Outil personnel d'analyse et de mesure développé par l'auteur. Il permet d'évaluer la "température" et le niveau de risque des marchés financiers afin de détecter rationnellement les périodes d'euphorie et d'ajuster son niveau de protection.

LEAPS (Long-Term Equity Anticipation Securities)

Contrats d'options (Calls ou Puts) dont la particularité est d'avoir une date d'expiration à très long terme (généralement de un à trois ans). C'est l'outil privilégié pour se couvrir ou investir sans subir une érosion temporelle trop rapide.

Managed Futures (Suivi de tendance)

Fonds ou ETF gérés par des algorithmes quantitatifs. Ces robots n'ont pas d'opinion économique : ils tentent uniquement de détecter et de surfer sur les tendances mathématiques (à la hausse comme à la baisse) d'actifs variés (actions, pétrole, devises).

Ordre GTC (Good Till Canceled / Révocation)

Un ordre d'achat ou de vente placé en bourse qui reste actif ("valable jusqu'à révocation") tant qu'il n'a pas été exécuté ou annulé manuellement. C'est l'outil parfait pour automatiser ses achats à prix cassé pendant un krach, sans avoir à surveiller les écrans.

Portefeuille Permanent

Une stratégie d'investissement créée par Harry Browne, divisée à parts égales (25 % chacune) entre quatre classes d'actifs : actions, obligations d'État à long terme, liquidités (cash) et or. Il est célèbre pour sa résilience et sa très faible volatilité.

Put (Option de vente)

Un contrat financier qui donne le droit de vendre une action à un prix fixé à l'avance (le strike). Acheter un Put agit comme une assurance (vous protégez votre capital en cas de chute du marché). Vendre un Put (la méthode expliquée dans le livre) permet d'être payé pour accepter d'acheter une action si elle baisse au prix que vous désirez.

Short Squeeze (Liquidation forcée)

Phénomène extrêmement violent où des vendeurs à découvert (qui avaient parié sur la baisse d'une action) sont contraints par leur courtier de racheter précipitamment le titre car son prix monte de façon inattendue. Ces rachats massifs de panique propulsent le cours de l'action encore plus haut de façon fulgurante (ex: l'affaire GameStop).

Stop-Loss (Ordre à seuil de déclenchement)

Un ordre automatique censé vendre vos actions si elles tombent sous un certain prix. Bien que très populaire chez les amateurs, c'est un outil dangereux lors d'un krach car il fige souvent vos pertes au pire moment, juste avant que le marché ne rebondisse.

Strike (Prix d'exercice)

Le prix garanti et fixé à l'avance dans un contrat d'option. C'est le seuil exact auquel vous aurez le droit d'acheter (Call) ou de vendre (Put) vos actions, peu importe le prix réel affiché sur le marché ce jour-là.

Tail Risk (Risque extrême)

Fait référence au risque d'une perte colossale liée à un événement statistique rare se trouvant à la "queue" (tail) de la courbe de probabilité (comme un krach majeur). Les fonds dits "Tail Risk" se spécialisent dans la couverture de ces scénarios catastrophes.

Value Investing (Investissement dans la valeur)

Une stratégie d'investissement rendue célèbre par Benjamin Graham et Warren Buffett. Elle consiste à rechercher et acheter des actions d'entreprises de grande qualité dont le cours de Bourse est temporairement sous-évalué par rapport à leur véritable valeur intrinsèque.

Vente à découvert (Short Selling)

Une technique consistant à emprunter une action pour la vendre immédiatement, dans l'espoir de la racheter plus tard à un prix inférieur (et d'empocher la différence). Une manœuvre risquée, souvent déconseillée aux investisseurs particuliers prudents.

VIX (Indice de la peur)

L'indice de volatilité du marché boursier américain (Chicago Board Options Exchange Volatility Index). Il mesure les attentes de volatilité des investisseurs à 30 jours. Quand le marché panique et s'effondre, le VIX explose à la hausse.

BIBLIOGRAPHIE :

POUR ALLER PLUS LOIN

Si ce manuel vous a aidé à voir les marchés financiers sous un autre angle et à vous préparer sereinement, c'est en grande partie grâce aux investisseurs de légende, aux économistes et aux penseurs qui m'ont inspiré tout au long de mon parcours.

Un bon investisseur ne cesse jamais d'apprendre. Voici les ouvrages de référence des maîtres que j'ai cités dans ces pages. Je vous recommande vivement de les ajouter à votre bibliothèque de survie financière :

Sur la psychologie des foules et l'anatomie des krachs :

- **John Kenneth Galbraith** – ***Brève histoire de l'euphorie financière*** **(*A Short History of Financial Euphoria*)** : Un petit livre brillant et caustique pour comprendre comment l'amnésie collective pousse irrémédiablement les marchés à créer des bulles.
- **Nassim Nicholas Taleb** – ***Le Cygne Noir : La puissance de l'imprévisible*** **(*The Black Swan: The Impact of the Highly Improbable*)** : L'ouvrage de référence absolu pour comprendre que les pires tempêtes financières sont, par nature, celles que personne n'a pu prédire.
- **Hyman Minsky** – ***Stabilizing an Unstable Economy*** : Une lecture plus académique, mais fondamentale, qui démontre mathématiquement que "la stabilité engendre l'instabilité".

Sur l'investissement rationnel et la stratégie "Value" :

- **Benjamin Graham – *L'Investisseur intelligent* (*The Intelligent Investor*)** : Publié en 1949, c'est la bible originelle de l'investissement dans la valeur. C'est le livre qui a formé le jeune Warren Buffett.

- **Warren Buffett – *Les écrits de Warren Buffett* (*The Essays of Warren Buffett*)** : La compilation de ses fameuses lettres aux actionnaires de Berkshire Hathaway. Une masterclass sur la gestion du cash et l'évaluation d'entreprise.

- **Charlie Munger – *Poor Charlie's Almanack*** : L'almanach du partenaire historique de Warren Buffett. Une leçon magistrale sur la rationalité, les biais psychologiques et la gestion des émotions face aux baisses de marché.

- **Howard Marks – *La Chose la plus importante* (*The Most Important Thing*) et *Maîtriser les cycles du marché* (*Mastering the Market Cycle*)** : Deux livres exceptionnels pour comprendre le mouvement de "pendule" des marchés et apprendre à maîtriser les cycles financiers au lieu de les subir.

Sur l'architecture de portefeuille et la protection extrême :

- **Ray Dalio – *Principes* (*Principles*) et *La crise des grandes dettes* (*Big Debt Crises*)** : Pour plonger dans la tête du créateur du célèbre portefeuille "All Weather" et comprendre la mécanique des grands cycles de la dette mondiale.

- **Harry Browne – *Fail-Safe Investing: Lifelong Financial Security in 30 Minutes*** : Le guide fondateur, court et redoutablement efficace, qui détaille la philosophie derrière la création du Portefeuille Permanent.

- **Mark Spitznagel** – ***Safe Haven: Investing for Financial Storms*** : Le manuel de référence moderne sur la protection de portefeuille et la gestion des risques extrêmes (Tail Risk) par l'un des plus grands spécialistes mondiaux de la couverture par les options.

DU MÊME AUTEUR

Si ce livre vous a aidé à structurer votre portefeuille et que vous souhaitez aller plus loin dans la protection active et la génération de revenus, découvrez mon précédent ouvrage dédié à l'arsenal le plus puissant des professionnels de la finance : les options.

RÉUSSIR EN BOURSE - MAÎTRISER LES OPTIONS : Stratégies essentielles et approches pratiques (2024)

Dans ce guide pratique, je démystifie le monde fascinant des options boursières. Loin des clichés mathématiques complexes, vous y apprendrez pas à pas comment utiliser les Calls et les Puts pour générer des revenus réguliers, acheter vos actions favorites à prix cassé, et protéger votre capital avec la précision d'un institutionnel. Un complément idéal pour tout investisseur souhaitant maîtriser les outils de l'Arsenal Anti-Krach.

(Disponible sur Amazon aux formats Broché et Kindle)

POUR ALLER PLUS LOIN ET RESTER EN CONTACT

L'investissement est un apprentissage continu. Pour retrouver toutes mes analyses, mes outils exclusifs, et suivre l'évolution du marché en temps réel avec le **Krach-O-Mètre**, rejoignez-moi sur mon site officiel :

☞ **www.krachboursier.com**

Inscrivez-vous pour accéder à vos ressources gratuites et ne manquez aucune opportunité lors de la prochaine tempête financière. À très vite de l'autre côté !

VOTRE AVIS COMPTE

Vous avez trouvé ce livre utile ?

Une note ou un commentaire sur Amazon prend quelques secondes et permet à d'autres lecteurs de le découvrir.

Merci.

Made in the USA
Coppell, TX
26 May 2026

78266919R00125